辛弃疾传

不信人间有白头

白瑾萱 著

华文出版社
SINO-CULTURE PRESS

图书在版编目（CIP）数据

不信人间有白头：辛弃疾传 / 白瑾萱著. -- 北京：华文出版社，2019.4（2019.12重印）

ISBN 978-7-5075-5086-3

Ⅰ.①不… Ⅱ.①白… Ⅲ.①辛弃疾（1140-1207）—传记 Ⅳ.①K825.6

中国版本图书馆CIP数据核字（2019）第045694号

不信人间有白头：辛弃疾传
BUXIN RENJIAN YOU BAITOU: XINQIJI ZHUAN

著　　者：	白瑾萱
出版策划：	范勇毅
责任编辑：	胡慧华　南　洋
出版发行：	华文出版社
社　　址：	北京市西城区广外大街305号8区2号楼
邮政编码：	100055
网　　址：	http://www.hwcbs.com.cn
电　　话：	总 编 室 010-58336239　　发 行 部 010-58336267　58336238
	责任编辑 010-58336197
经　　销：	新华书店
印　　刷：	北京彩虹伟业印刷有限公司
开　　本：	880×1280　1/32
印　　张：	8
字　　数：	159千字
版　　次：	2019年4月第1版
印　　次：	2019年12月第2次印刷
书　　号：	ISBN 978-7-5075-5086-3
定　　价：	38.00元

版权所有　侵权必究

序 言

烛火摇曳，西风冷冽，残酒孤影相照映。

他没有"采菊东篱"的悠闲安逸，更不会有"坐看云起"的超然闲适；他没有"孤舟蓑笠翁，独钓寒江雪"的清高兀傲，更不会有"人生在世不称意，明朝散发弄扁舟"的无牵无挂；他没有"相思相见知何日，此时此夜难为情"的缠绵悱恻，更不会有"十年生死两茫茫，不思量，自难忘"的刻骨铭心。

因为他是辛弃疾，是"男儿到死心如铁"的辛弃疾；是一直幻想"金戈铁马，气吞万里如虎"的辛弃疾；也是那个生命即将走到终点，仍盼望"凭谁问，廉颇老矣，尚能饭否"的辛弃疾！

踏着滚滚的红尘，为了山河一统，为了百姓安居，他来了；卷着浑浊的宦海，为了民族尊严，为了国家安定，他来了。"将军百战身名裂"是他意气风发、聚众抗金的肝胆写照，他也曾有"剑指三秦，一战东归"的豪气。这样的雄心，这样的壮志，这样一个铁骨铮铮的男儿，这样一个心坚如铁的男儿，欲"挽狂澜于既倒，扶大厦之将倾"。

无奈，无奈，太无奈，当时政治黑暗，国运衰退，朝廷懦弱无能，他渺小的力量微乎其微，那抒百世轻狂、歌千秋快意的理想,那跨马握刀、驰骋沙场的经历被无情的现实——击破,徒留"了却君王天下事,赢得生前身后名。可怜白发生"的悲凉愤懑。

可恨,可恨,太可恨,蛾眉有人妒,小人逸君王。纵然你是补天的经纶手,纵然你金戈铁马,气吞万里,却也只得闲饮酒,醉吟诗,蘸着血泪,夹杂着愁愤,叹一句"儒冠多误身"!

犹记得辛弃疾的父亲辛文郁看着褓褓中的孩子,说道:"此子便欲名之'弃疾',意在'弃我国家之疾,复我中原山河',愿他来日能承我辛姓家谱,但圆此志。"余音未散,然斯人驾鹤,不可追矣。

百年来,荒草丛生的墓冢前,青松依然挺立,犹如词人的那融于骨髓、浸入血脉的英雄气魄,那与世长存的既是词人千古流传的佳作,也是词人挥散不去的将魂!

目 录
Contents

第一章　少年勇·栖居在祖国的伤口上 / 001

第一节　金朝占领区里的童年 / 002

第二节　悄悄种下理想 / 009

第三节　骨子里的民族魂 / 016

第四节　只愿重拾旧山河 / 023

第二章　英雄气·一个人就是一支骑兵 / 033

第一节　起义烟尘里 / 034

第二节　刀锋上的宏愿 / 041

第三节　天下事，可无酒 / 048

第四节　乱世用重典 / 055

第三章　铁汉情·一代武将的单细胞忠诚 / 063

第一节　轻离别 / 064

第二节　街巷间的吴侬软语 / 071

第三节　众里寻他千百度 / 079

第四节　站在救赎的门槛上 / 086

第四章　北伐梦·天下英雄谁敌手 / 093

第一节　辛家"飞虎军" / 094

第二节　庄园里的稼轩居士 / 101

第三节　风暴即将来临 / 108

第四节　鱼米之乡里的旷世等待 / 114

第五章　千古词·除了刀，还有一支笔 / 123

　　第一节　另一处战场 / 124

　　第二节　侠骨也有柔肠 / 132

　　第三节　胸怀里的烈火轰雷 / 140

　　第四节　与苏轼的巅峰对决 / 149

第六章　将军怨·烈日秋霜里的烟花灿烂 / 163

　　第一节　毫发常重泰山轻 / 164

　　第二节　千古兴亡多少事？悠悠 / 168

　　第三节　醉里挑灯看剑 / 173

　　第四节　颠沛流离一生 / 180

第七章　戎马事·时势造就悲情 / 185

　　第一节　将军百战身名裂 / 186

　　第二节　沙场、号角与马鸣 / 194

　　第三节　生命里最好的时光 / 199

　　第四节　无法打败的人 / 210

第八章　山河赋·千古事，云飞烟灭 / 217

　　第一节　一个硬汉的泪水 / 218

　　第二节　把栏杆拍遍 / 224

　　第三节　参透生命的哲学 / 229

　　第四节　青山遮不住，毕竟东流去 / 234

后　记 / 239

附录：辛弃疾生平大事记 / 243

第一章

少年勇·栖居在祖国的伤口上

第一节　金朝占领区里的童年

在中国人的词典里，"气节"这个词向来都带着令人敬畏的色彩。纵观历史，无论是苏武"留胡节不辱"，还是岳飞奋起抗金，这些充斥在铮铮硬汉身上的浩然正气都能让人在动容的同时也深感钦佩。

作为中国文学史上难得一见的将帅词人，辛弃疾的人生经历和文学修养注定是与众不同的。驰骋沙场的杀伐决断让他一改文人羸弱印象，成为豪气冲天的英雄，穿梭笔墨间的游刃有余让他那勇于抗争的民族气质，成为其流传千古的诗词中最重要的精神内核。

历史总充满惊喜，不论是平静无波的文坛还是尘土飞扬的战场，人们都在期待点滴笔墨与戎马一生的碰撞。而辛弃疾的出生，正好为这样一场不同凡响的盛会拉开了帷幕。

关于辛弃疾的生辰，史料有明确的记载。绍兴十年即公元1140年5月28日（农历五月十一日），身在金国，也就是北宋沦陷区的辛文郁在阵阵蝉鸣声中终于盼来了儿子的降生。此时，山东济南这座汉人的古城因为女真的入侵已成为贵族们统治和享乐的场所，汉人的无奈与绝望之情在外族的铁蹄声中日趋浓烈，而辛弃疾的降生却用他与生俱来的汉人血统为他的父亲辛文郁和祖父辛赞带来了前所未有的希望。

从严格意义上来说，辛家并不算山东的原著居民，辛家始祖辛维叶原本是在甘肃狄道为官，后来升任大理评事才举家迁至山东济南的。如今，我们已经看不到关于辛家迁徙道路上颠簸与风尘的记载，但在大宋与女真还未剑拔弩张时，这样的移民虽然辛苦却依旧是幸运的。

妇孺同路的一行人，磕磕绊绊、跌跌撞撞，所需要克服的虽然有自然环境的艰辛，却并没有兵荒马乱的惊心动魄。辉煌时期的宋朝，国民生产总值达到了当时世界生产总值的一半以上，高达一亿两白银的税收在彰显帝国物资充盈的同时也间接反映了当时人民生活的安乐。尽管此时的宋朝不是夜不闭户、路不拾遗的乌托邦，但是，普通百姓烧炭火、穿丝衣的记载却足以体现他们安居乐业、享一方太平的生活面貌。

到了山东，辛维叶顺利上任，物阜民丰的齐鲁大地让辛家免受日常生活的拮据，吟诗作赋的文人做派又让这个家庭没有思想上的愁苦。作为迁至山东的辛家第三世，辛弃疾的曾祖辛寂的生活显然舒适了许多。成年后，良好的家世和横溢的个人才华也让他顺利地走上仕途，担任宾州司户参军一职。

此时，北面的女真正通过猛安谋克制等一系列改革慢慢崛起。一场蓄谋已久的扩张如风暴般席卷了整个北方，当辽国的耶律大石对此胆战心惊时，宋徽宗却醉心山水，北宋的平静无常，使得女真的虎视眈眈仿佛只是一种假象。

靖康之乱前，辛家对大宋王朝充满信心，一心认为赵家天下独大的辛家人并未感到担忧,也从未觉得苦闷。此时,宋朝大部分的钱财集中在少数贵族手中,每年数以万计的税收和占据世界一半以上的经济总量还在勉强支撑着这个王朝的虚假繁荣。

在这种表面和平的掩盖下,辛家对皇室的信任和对战局的从容不迫一直延续到辽国灭亡也未曾改变。

只是,自欺欺人终究难抵外族的入侵,当关外战马的嘶鸣声与济南城里百姓的惊叫声交织在一起时,盲目的信心被悲哀所取代。看着自己长久生活的地方渐渐沦为失地,收复国土的期盼又因为朝廷的腐败和敌人的强悍而无奈地变成梦境里的一厢情愿,辛弃疾的祖父辛赞内心的恐惧与绝望达到了顶峰。

天苍苍,野茫茫,一望无垠的广阔草原上,游牧民族艰难的生存环境一定程度上促成了他们组织上的严格和统治上的严苛。在金人崛起之前,西夏和辽国曾经称霸一时,而与他们不同的是,女真民族在组织纪律性上显然更具优势。以亲情为基础建立起来的行伍制度在完颜阿骨打的操控下,使整个女真部族从原来的一盘散沙变得坚如磐石。当金人挥舞着马鞭将关内的沃土收入囊中,一场弱肉强食背景下的制度改革接踵而至。

在等级制度森严的统治下,金人的地位无疑是"崇高"的,汉人的地位则自然而然滑落到底端。金宋交战初期,女真统治者压迫和贩卖汉人已成为社会常态,占领中原腹地后,完颜氏在民族统治上的差别对待更是变本加厉。当时,金人若为奴隶,金朝可以官府的名义为其赎身,同样身为奴隶的汉人却只能在绝望中等候来自奴隶主的皮鞭。

作为外族,攻破城门的金人铁骑让人闻风丧胆;而作为侵略者,他们却对如何真正收服民心感到恐惧。这种自我防卫意识浓厚的等级制度在反映出游牧民族略显落后的文明特质的同时,也将他们侵略后的狂妄和胆怯体现得淋漓尽致。

女真是马背上得天下的民族,他们对以武力征服土地和人民的现实见怪不怪,可想将汉人的思想统一起来,仅用暴力手段却显得捉襟见肘。简单粗暴的压制带来的不是统治区域内的风平浪静,相反,残酷的刑法与不见天日的压迫在激发汉人的反抗意识的同时,也让起义和械斗连绵不绝。每天,成千上万的汉人因为不满金人的统治而揭竿而起;每年,不计其数的汉人在鲜血淋漓的屠刀下丧生,却依然在白骨皑皑的战场上前赴后继,毫无畏惧。

一个民族倔强的品质在外族的入侵中得到成全,一触即发的民族矛盾也渐渐成为女真统治的隐患。风雨飘摇之际,女真贵族的利益不可避免地受到威胁,完颜氏惊叹之余却也不得不转变思路。

于是,"强制压迫"变成了"收服人心","汉金有别"也变成了"一视同仁"。而辛弃疾的祖父——辛赞,便在这样的历史背景下,因其出众的才华和为人称道的气节成为怀柔政策推行时首当其冲的"施恩"对象。

山东是儒家文化的发祥地,在这里以儒学为主导思想的文人显然是最符合地域特色的。辛赞虽然不是济南本地人,但出将入相的儒士理想和长期为官的家族背景让他拥有不错的名声。而当个人愿望与民族危难重叠的时候，辛赞的想法更加印证了他骨子里儒生的本质。

对女真的招安，辛赞用来描述这个经过的词汇却是"被污虏官"。作为汉人朝廷忠诚的拥护者，辛赞显然不愿意为侵略者歌功颂德。多年来，辛赞熟读圣人教训，那些字里行间都透着君子气节的段落让他第一时间想到了以生命换取名声。然而，当女真的可汗辛赞用家人的性命相威胁时，辛赞原本坚毅的脚步不得不停了下来。

翻开历史，辛赞人生历程中这段短暂的剪影在很多人的断章取义中成为丧失民族气节的反例，但当我们把时间轴拉长却不难发现，这个男人表面上的趋炎附势里所隐藏的却是不得已的委曲求全。

在辛弃疾的印象里，祖父是一个拥有强烈民族意识的人。祖孙二人的年岁相差甚远，辛弃疾的父亲英年早逝，辛赞的去国怀乡、满心抱负的精神品质就成了辛弃疾抗金思想意识萌芽里最重要的指引，也成了他潜意识里反抗民族压迫的火种和起源。

富丽堂皇的朝堂上，辛赞无法直言自己对女真的不满和对大宋的思念，回到家中，他却用自己的实际行动告诉孙儿：辛家的根在大宋。夜深人静，思念顺着静谧挣脱了白日里的温顺，如洪水猛兽般侵蚀着辛赞的内心。帝国曾经的辉煌激起辛赞内心的愁苦，他痛恨这帮不由分说便越过防线的侵略者，更盼望自己能成为所向披靡的斗士。但眼前的局势却并没有想象中的乐观。

或许，横冲直撞地将女真可汗斩杀于朝堂上能快速地解除心头之恨，可接下来的情势却让辛赞不寒而栗。若金朝的可汗被刺，跻身统治阶层的女真贵族自然不会善罢甘休，在迅速找到继承人并恢复正常的统治秩序后，金人对汉人的迫害势必如同积蓄了整个冬天的严寒一般让人冷彻心扉。

君子报仇，十年不晚，辛赞平复了心中的愤怒，理智重新回归大脑。他告诉自己，莽撞永远不是问题的解决之道，唯有从长计议、三思而行才能找到恢复河山的最佳办法。

在他看来，辛家此时已然失去了大宋王朝的庇护，唯有深入金朝政治核心才能获取侵略者的详细军情，也才有机会为南宋反攻创造战略优势。北国苍茫大地上孕育的民族，让大宋的繁华成为过眼云烟，辛赞在苦思两个民族战力悬殊根源的同时，更是鼓励辛弃疾要"谛观形势"。

"每退食，辄引臣辈登高望远，指画山河，思投衅而起，以纾君父不共戴天之愤。"（《美芹十论》）多年后，当辛弃疾再次回想起与祖父一同度过的日子时，内心的激动与慷慨依然溢于言表。正如当年"身在曹营心在汉"的徐庶一样，迫于对母亲生命安危的关切，一心想着刘皇叔的他被迫到曹操麾下为官，但他最后的信义底线却是终身不献一计的承诺。

辛弃疾出生的这一年，岳飞气吞万里如虎的直捣黄龙在秦桧的居心叵测中失败了，宋人收复河山的愿景在岳飞离世后被迫凋零。最强有力的抵抗者成为朝堂斗争的牺牲品，完颜氏窃喜之余在统治区域内开始了又一轮残暴的统治。

童年的辛弃疾或许曾被女真伪善的面孔所感动,不过,随着年岁的增长和阅历的增多,他却渐渐感受到女真残暴的本质和汉人内心的屈辱。

少年握槊,气凭陵,酒圣诗豪余事。袖手旁观初未识,两两三三而已。变化须臾,鸥飞石镜,鹊抵星桥外。捣残秋练,玉砧犹想纤指。

堪笑千古争心,等闲一胜,拼了光阴费。老子忘机浑谩与,鸿鹄飞来天际。武媚宫中,韦娘局上,休把兴亡记。布衣百万,看君一笑沈醉。(《念奴娇·双陆》)

少年时的英雄豪气总是伴着诗书与好酒。当周围的人质疑作战太过凶险时,辛弃疾坚定地认为大丈夫在世应当如同当年的曹操、曹丕一样,上马可横槊杀敌,下马则能谈论辞赋。而在祖父的培养下辛弃疾也确实朝着这样的人生方向发展着。

多年后,辛弃疾用追忆的语言描写了自己年少时的生活。尽管那时的他已两鬓斑白,但在词汇的跃动里,读者依然可以感受到他壮志八方的决心与洒脱。

在祖父的引导下,辛弃疾驱逐外族、统一国家的鲲鹏之志日渐丰满。如果说,迫于统治压力而"怀柔四海"的女真完颜部是一头披着羊皮的狼,那么,在北宋大势已去之后,这头原本就嗜血的猛兽则彻底撕开了其伪装的外衣。在他们肆无忌惮、变本加厉对所辖汉人和百姓做出侵犯的时候,一场源自人民内部的革命正在慢慢酝酿,而辛弃疾也在如此的历史洪流中悸动地等待着属于他的时代的到来。

第二节 悄悄种下理想

无论是中原人还是来自北方的游牧民族,基于婚姻建立起来的族群关系向来是保存实力最重要的方式之一。在中国历史上,这种有利于实现资源共享的人群关系常常成为政治家首选的扩张手段,即便是已然被女真俘虏的汉人,同样希望以此保存汉人的血脉,为最终的复国积攒实力,埋下伏笔。

关于仁人志士被俘所展现的民族气节,自古以来的文字里有太多的描述。这种深藏在内心深处的意识很难因为统治者的怀柔政策和真情感化而变动,相反,内心关于收复国土的渴望在被压制后更如积蓄一切力量等待春天破土而出的种子一般,亟待生根发芽。

作为"俘虏",辛弃疾的家族受到女真统治者的优待,但读书人的尊严和曾经对宋王朝的眷恋让他们不忘初衷。辛家虽因祖父身居要职常常门庭若市,但绝不在家中谈论国事的习惯却在他们和奉承者之间构建了一道精神世界的高墙。

墙外,看似繁花,实则行尸走肉。

墙内,枯草丛生,实则虽死犹生。

辛弃疾在人生历程中结下了不少年长于他的莫逆之交。公元1158年,辛弃疾的祖父辛赞因为职务调动升任开封知府,辛弃疾随同祖父前往开封居住一段时间后，便奉命前往燕京。那时，著名的文人蔡松年恰好在燕京居住，辛弃疾慕名前往拜访，并同他成了朋友。在《宋史·辛弃疾传》中，作者用"少师蔡伯坚"几个字概括了蔡、辛之间的关系，而辛弃疾与蔡松年颇为相似的文风似乎也证明了两人在文学领悟上的相契和蔡、辛间的师承关系。作为北宋少有的降服金朝的文人，蔡松年在历史上的名声并不算太好，因此，部分史学家认为辛弃疾不可能拜蔡松年为师。然而，不论他们之间是何种关系，也不论他们在诗词创作上多么的志同道合，辛弃疾与蔡松年在政治上的南辕北辙却是显而易见的。

"记少年、骏马走韩卢，掀东郭。"（《满江红·和范先之雪》）作为抗金战争中难得的"少侠"，辛弃疾从一开始就将功名与富贵抛在脑后。所谓"人以群分"，当辛弃疾用战斗的眼光扫视周遭的一切时，能同他称兄道弟的自然是那些慷慨激昂的抗金勇士，而范邦彦正是其中与辛弃疾最为趣味相投的人物。

如果说金兵的大举入侵是他们无法抗拒的历史狂潮，那不约而同地考取进士的决定却反映了他们对敌我势力的理性分析和对抗金形势的共同认知。当辛赞劝说辛弃疾考取金朝功名，并以此深入敌人内部为复国提供最有效资料的时候，范邦彦已然用自己的行动实现了一个文人"居心叵测"的复国愿望。以范邦彦的背景和声望，担任蔡州新息县令是他最合适的出路，但一场打开城门迎接"对手"的好戏却让他成为金人恐惧的对象。

为了保存汉人的实力,范邦彦在这个金朝统治者鞭长莫及的地方"阳奉阴违"。他小心翼翼地保护着完颜氏翼下鲜有的汉族血统,更仔细地守护着未来抗金的燎原之火。尽管在漫天黑夜里,这样的微光显得苍白无力,但幸运的是,金朝统治制度上的缺陷给范邦彦微弱的理想带来了迸发的可能与希望。

公元1161年,女真统治阶层内部的矛盾让金主完颜亮成为部将起义的对象,一场源自底层的政变让完颜亮失去了统治的权力,更让他在对宋战争中失去了胜利的可能。失去了后方的支援,原本骁勇善战的完颜亮在南宋的反抗面前落荒而逃。

曾经,完颜亮的铁骑让中原百姓感到恐惧,但战争的烽火终究难敌政治的诱惑,一场政变让金朝在动荡中苟延残喘,也让范邦彦嗅到了难得的契机。

作为金朝抵御南宋军队的最后一道防线,蔡州城原本寄托着完颜亮最后的期望,但早已归心似箭的范邦彦又怎会放过这样一个难得的机会?城门打开后,南宋的战士们在将军的带领下轻松地"光复"了一座敌人占领的城池。而范邦彦,这个宋徽宗时期曾经的太学生也因此义举,如愿以偿地摆脱了"俘虏"的身份,成为南宋的臣子。

在辛弃疾的故事里,范邦彦扮演的无疑是"知音"的角色,他的慷慨激昂和开城迎接南宋官兵的做法一直都是辛弃疾歌颂的对象。尽管蔡州这座小城的光复和当年金朝侵吞的北宋土地的气势相比可谓九牛一毛,但这场微小的胜利依然让像辛弃疾这样的在金朝领地的汉人们备受鼓舞。

为了更好地筹划抗金的活动，辛弃疾与范邦彦开始了更深入的交往。对战略的沉迷让他们相谈甚欢，对宋朝的眷恋又催化着彼此间的情感从友情上升为亲情。

在范邦彦的视野里，浮沉众生中能够继承自己意志并坚持与金斗争的人选，首屈一指的便是豪气冲天的辛弃疾。他欣赏辛弃疾出众的才智，更羡慕他的年轻有为和非凡魄力。作为臣子，范邦彦希望北方的土地能尽早光复；作为父亲，范邦彦觉得能完好地照顾自己的女儿并一同延续宋朝血统的只有辛弃疾。

早些年祖父的教导常在耳边回响，深受影响的辛弃疾在全身心投入抗金志向的同时，周遭的一切也因为他远大的抱负而改变。在成长的年月里，翩跹的女子并不能引来他的关注，令人身心放松的娱乐也未曾成为他生活的主题。对他而言，生命的全部意义是内心深处"蓄谋已久"的抗金斗争，即便是生命中最美好、也最有理由融入自我情感的爱情也因为如此心境变得宏伟壮阔了许多。

爱情向来是个刻骨铭心的主题，抛开前朝的长恨歌，宋徽宗与李师师之间那段佳话并没有随着北宋的灭亡而消弭。歌舞升平里，一代君王与一代名妓之间的风花雪月听上去既浪漫又温情，但虎视眈眈的完颜氏给北宋皇帝带来的"厚礼"却是靖康之役后屈辱的囚禁。

漫漫长夜，高墙林立，赵佶的反省虽然凄苦却多少有些咎由自取的味道。身为君王，当天下百姓将至高无上的权利和荣耀赋予他的时候，他自然也要为此做出牺牲。国事重于一切，在它面前，个人的喜好甚至爱情都要藏匿起来，即便要将他真正的爱情列为国家的牺牲品，一朝天子也应该在所不辞、绝无二话。

可惜，宋徽宗终究参不透这样的道理，他醉心书画与美人，弃朝政于不顾，最终换来的却是兵败如山倒的颓丧和沦为阶下囚的悲哀。

作为君王，成为囚犯的耻辱是对他荒废朝政最大的惩罚，只是万里江山尽失和千万百姓蒙难的代价太过沉重。从此以后，人心惶惶取代了百兽率舞，忧心忡忡覆盖了闲情逸致，平民百姓谨小慎微、度日如年，有志之士也只好收起自己的情感，为光复国土养精蓄锐、蓄势待发。

老子当年，饱经惯、花期酒约。行乐处，轻裘缓带，绣鞍金络。明月楼台箫鼓夜，梨花院落秋千索。共何人、对饮五三钟，颜如玉。

嗟往事，空萧索。怀新恨，又漂泊。但年来何待，许多幽独。海水连天凝望远，山风吹雨征衫薄。向此际、羸马独駸駸，情怀恶。（《满江红·老子当年》）

少年的浪漫是辛弃疾最怀念的情怀。如果没有这场战争，辛弃疾应该是个不错的情郎。毕竟，不论是他苍劲有力的丹青，还是那些发自内心、充满意境的诗词都能让俗世凡尘的女子为他倾倒。可惜，想象终归替换不了现实。民族危难面前，辛弃疾毅然选择放弃卿卿我我的个人爱恋，战争间隙时所穿插的闲情逗趣对他来说都是一种奢侈。

他无法像其他文人那样在娇艳欲滴的女子身旁抛一枝闲花，也不能花前月下地调引姑娘们的三两句嗔怨。他的真心无法捧给知书达理、才华横溢的才女，也无法献给皓齿明眸、冰雪聪明的佳人，他需要的是与他同样怀揣复国抱负的姑娘，是懂得民族大义的女子，更是能时刻为他的牺牲做好准备的女义士。

或许，范如玉的容貌算不上倾国倾城，家世也不是辛弃疾见过的女子中最丰裕的一个，但从小在范邦彦身边耳濡目染的气质和同样的理想却让她成为让辛弃疾唯一动心的女人。

在当时的朝代，对于一个壮志凌云、以事业为重的男人来说，女人的地位似乎可以滑落到无足轻重的地步。而当那个可真心相伴的女子闯入他的领地时，那种源自伴侣的陪伴与支持却能让他们更加斗志昂扬。情感击溃理性，男人的爱超越了男女间本能的吸引，以一种共存亡的姿态成为男人心中的依赖，即便时光逝去，容颜老去，这份情感也能超越生死，演绎出最绚烂的火花。

纵观辛弃疾的一生，"戎马生涯"四个字准确而真实地体现了他的颠沛流离与漂泊不定。很难想象在这样的生活里，辛弃疾是如何照顾自己的家庭，又是如何将自己复国的理念传递给下一代，唯一能对辛家爱国意识传承下来作出解释的只有范如玉对孩子们的言传身教。

知音，自古难觅，俞伯牙和钟子期的故事如历史长河里的一把瑶琴，奏出世人对知音的渴望，也奏出挚友间生死与共的默契。对辛弃疾来说，范邦彦是这世上除了辛赞以外最能体会也最能鼓励他的长辈,他对范邦彦的感谢除了落寞时刻对方予以自己的鼓励,更有他对女儿节义传家的教导。正是这样的传承,托起了生生不息的家国梦。

如同辛弃疾继承了来自祖父的期望与意志一样,他的后代同样在范如玉的谆谆教导中完成了灵魂与精神的塑造。范邦彦死后,辛弃疾与范邦彦的儿子、范如玉的兄长范如山成为知己。范如山拥有同样的战斗梦想让他倍感亲切,也因此成就了另一段来自辛弃疾的女儿与范如山儿子的"辛范"之交。

淳熙五年即公元1178年,奋战一生的范如山迎来了寿辰。作为亲人,更作为莫逆之交,辛弃疾理所当然地成为寿宴最主要的操办者,而这场热闹的宴席上的寿词自然也由辛弃疾亲笔题写。

> 掷地刘郎玉斗,挂帆西子扁舟。千古风流今在此,万里功名莫放休。君王三百州。
>
> 燕雀岂知鸿鹄,貂蝉元出兜鍪。却笑泸溪如斗大,肯把牛刀试手不?寿君双玉瓯。(《破阵子·掷地刘郎玉斗》)

人们习惯用"亲上加亲"形容这种亲家的二度联姻,但当我们将这样一种传统的民间关系放入抗金斗争波澜壮阔的历史背景下,简单的家族联姻却有了民族传承的味道。

回首人类历史,占领与俘虏裹挟着炮火的味道成为民族覆灭的代名词。当侵略者高声喝彩的时候,被侵略者传承自身文化的渴望便越发强烈。金人的铁骑将中原腹地纳为己有,却未能将宋朝汉人的心收入麾下。

　　在铺天盖地的民族通化政策下，汉人的思想空间变得暗淡而狭小，复国的渴望更遥远得仿佛被遗忘了一般。好在，在一片死寂里，来自长辈的一两声教导让一切峰回路转。那些如种子般悄然播下的愿望，在寄托着前辈期盼的同时，也成为下一代成长奋斗的目标。对国土的思念之情萦绕在每一代人的心底，当父辈的鬓角爬满白霜，那些稚嫩的面孔已变得棱角分明。时光带不走的是他们瞳孔深处冉冉升腾的火焰。于是，星星之火很快蓄势成燎原之战。

第三节　骨子里的民族魂

　　阅读辛弃疾的诗词，他那些在字里行间浮动的过往生涯总是能以一种壮阔的姿态展现在读者面前。即便写作时的辛弃疾不再年少，心思浮动的激昂慷慨却依然让他的文字充满令人悸动的力量。

　　　　卮酒向人时，和气先倾倒。最要然然可可，万事称好。滑稽坐上，更对鸱夷笑。寒与热，总随人，甘国老。
　　　　少年使酒，出口人嫌拗。此个和合道理，近日方晓。学人言语，未曾十分巧。看他们，得人怜，秦吉了。
　　　　（《千年调·卮酒向人时》）

　　品读辛弃疾的诗词，我们常常会有意外的收获，那些看起来简单的词汇，其背后隐藏的往往是沉重的历史典故或是有趣的生活习惯。例如在"寒与热，总随人，甘国老"这九个字的简单拼凑中，区区一味甘草都被他用得活灵活现，妙趣横生。

"药中甘草，朝中国老"，褒作贬用，甘草主调和的药性被辛弃疾拿来比喻朝中以和为贵的国老。不思进取的朝廷自然喜欢一团和气的官员，需要政治技巧的妥协却是辛弃疾所不齿的。对他来说，坚持心中的理想，不卑不亢、刚正不阿是为人臣子最重要的精神品质，即便这样的品格并不能获得南宋皇帝与朝臣的喜爱，他仍旧能在浩瀚的历史中找到知音。

在这首词中，辛弃疾用了"少年使酒，出口人嫌拗"的句子表现了如李白一般的诗人气度。虽然词汇里的豪情壮志与古人未有二致，但仔细品味诗人所处的环境，我们不难看出辛弃疾的胸怀较之前人更为宽广。

对诗仙李白来说，人生最大的失意是壮志未酬。在唐玄宗治下的开元盛世里，才华横溢的他便是作尽歌颂贵妃美貌的词赋也未曾得到相匹配的官职与地位。我们能体会他"五花马，千金裘，呼儿将出换美酒"的无奈，也能体会他"咸阳市内看黄犬"的自我安慰，即便如此，和山河沦丧、外族治下"却将万字平戎策，换得东家种树书"的辛弃疾相比，李白的悲伤里依然多了一份国泰民安的幸运。

祖父的良苦用心给辛弃疾的复国壮志营造了难得的准备时间，年少的他也因此躲避了颠沛流离的痛苦，获得了休养生息的机会。师从名师刘瞻的时候，辛弃疾最喜欢的户外活动便是狩猎。尽管汉人以农耕为本，辛弃疾祖上也没有游牧民族的血统，不过"知己知彼，百战不殆"的作战道理给了辛弃疾良好的启发，也让他学会了如何在女真族人的生活中积累赢得战争的经验。

狩猎之余，辛弃疾也喜欢与好友们高谈阔论。如同当年李白与高适、岑参等人结伴而行一样，学堂里的辛弃疾同样找到了属于自己的、可以契阔谈宴的好友。这些人或是金朝的名士子弟，或是汉人的名门之后。诚然，心中怀抱着光复宋朝失地理想的辛弃疾与他们的交往更多地停留在表面，但彼此的思想碰撞与交流却让辛弃疾对金朝统治下的知识分子的思想动态有了更全面的了解。

而这其中，最负盛名的是同辛弃疾并称"辛党"的著名才子，同时也是后来为数不多的投靠金朝为官的文人党怀英。

人的一生，虽然一路向前，归根到底却是在一个又一个的岔路口的选择中度过的。行路的人们无法知道未来的结果，路途上的分道扬镳则会让两个本来志同道合的人走向截然不同的人生结局。

年少时，辛弃疾延续着辛家的传统习字练剑，有时会因为贪杯而荒废一两日，但辛弃疾的学问和才华却并未因此受到影响。儒家经典他倒背如流，诗词歌赋、诸子百家更是他扩展视野的重要手段。经过多年的积累，博学广识的辛弃疾理所当然地成为同辈中的佼佼者，即便是学堂里白发苍苍的老师也对他刮目相看。

在多数人的印象里，有才华的人往往会"恃才傲物"，已然鹤立鸡群的辛弃疾似乎更有资本对周围的同学不屑一顾。但就是在这样一个不起眼的学堂里，辛弃疾却找到了文学上志同道合的好友，并在命运的安排下与其上演了一场风流云散的别剧。

提起党怀英，如今的人们早已不像八百多年前的汉人那般愤慨了。作为宋金时期著名的文人、书法家，党怀英之于现代的意义，更多的是他在文学创作上的赏心悦目和书法上融会贯通的造诣，至于他"背弃宋朝，转而奉金"的经历也因这文学上的成就而变得不再刺眼。

历史的逝去总能抚平一些人的伤痕，然而，历史本身就是记忆，即便物是人非，那些隐藏在史书中的民族情感依旧会透过纸张，穿越千年的时光带我们回到兵荒马乱的年代。

严格意义上来说，党怀英对北宋的不忠在有些人看来是"不可理解"的。和辛弃疾相比，党怀英的家族背景与宋朝有着更加密不可分的关系。作为北宋名将党进的十一代孙，党怀英的家族从宋朝初期就沐浴着皇家的恩泽。即使到后来，党怀英的父辈们已经不再混迹于北宋的政治核心，但先祖的名望还是给这个家族换来了世代为官的资本。

绍兴十年即公元1140年，岳飞直捣黄龙的失败让原本强盛的宋朝陷入了前所未有的危机，北方大片土地被侵占，党怀英的家族在一片颓废中不可避免地成了女真的俘虏。兵连祸结的最后，曾经对抗金兵的决心消磨殆尽，加上完颜氏的拉拢，党怀英内心对和平的渴望得到了另一种方式的满足。

《金史·海陵王本纪》中对完颜亮通过政变上台后所采取的政策做了详细的记载。针对前任皇帝金熙宗官僚机构臃肿、人员冗斥的现象，完颜亮废除了一家独大的都元帅府，并开始在国内推行新吏制，破天荒地允许各级官员对朝廷的大事进行议论与谏言。初看起来，新皇帝的政策是美好的，尽管并没有多少休养生息的内容，但多少还能嗅到一些"与人为善"的味道。不过，江山易改，本性难移，随着时间的推移和权力的集中，完颜亮内心深处对战争的渴望还是让他变得一意孤行、穷兵黩武。

从这个层面上讲，完颜亮讨好朝臣与文人的举动并非出自本心，相反，这种"新官上任三把火"的大范围拉拢，体现的正是他弑叔篡位的做贼心虚。不过，政治向来不排斥虚情假意，完颜亮以官员与文人为重的和煦之风虽然虚伪，却还是让部分金朝文人眼前一亮。此时的他们正在南北两边的天平上犹豫不决，完颜亮的政策自然而然地成了分量最重的砝码。

对前途感到迷茫的文人，开始失去对南宋最后的信心和耐心，一道薄如蝉翼的"恩旨"随风而来，轻而易举地将他们的个人情感灌输到由侵略者们构建的国家和朝堂中。

清风徐来，水波不兴，年少的辛弃疾与党怀英满怀诗意悠然漫步于北国的青山绿水间。极目远眺，云淡风轻的闲适与壮阔的山河让他们的内心喜忧参半。只是一人喜在山河依旧，悲在故主不在；另一人却喜在山河秀丽，悲在战火连绵。

人性本就向往安逸，除了战争狂人，这世上没有人愿意在颠沛流离里过痛不欲生的生活。从这个层面上讲，辛弃疾与党怀英的内心渴望是一致的。只是，多年的战乱和大宋朝廷的置之不理在激起辛弃疾内心斗志的时候，却让党怀英开始有了怀疑的情绪。

绍兴二十九年即公元1159年，沉静了一段时间的金朝在完颜亮的骚动下开始了又一轮南征的计划。为了更好地发兵，完颜亮执意将金朝都城迁至开封，在大举征兵和大兴土木的双重压力下，金朝统治领域内的汉人陷入困境。

原本来自外族的统治就让汉人怨声载道，如今完颜亮的一意孤行更加引发了女真统治下的汉人暴动。尽管完颜亮派兵四处镇压，但已经燃烧的星星之火却愈演愈烈，朝着燎原的势头发展而去。

时局的变动让"两耳不闻窗外事"的学堂书生们也开始骚动起来，一场争辩在学子间引发，分属两派代表的辛弃疾与党怀英自然要展开激烈的交锋。

如果说三国时身居茅庐的诸葛亮与好友之间的辩论是一场无关人身紧要的探讨，那么此时的辛弃疾与党怀英这场针锋相对的争执却是决定两个人、甚至两个王朝命运的对决。

胸有鲲鹏之志的有识之士向来是王朝兴盛的关键，即便是在战火中支离破碎的金宋两国，也从来不曾放弃对人才的争取与抢夺，而具备精神领袖气质的辛弃疾与党怀英自然位列其中。

党怀英深情款款地叙述着亲情对人生的重要性，更讲述了血浓于水的思念与愁苦；辛弃疾却慷慨激昂地告诉党怀英什么是家国情义,什么是复国之志。

　　思想上的交锋向来惧怕势均力敌,那种彼此有理的僵持总会让一场辩论陷入无疾而终的漫长循环中。彻夜争论无果,两位好友只能在说服与被说服的边缘选择了天意。

　　一根草茎,两种命运。辛弃疾抛掷后显出的"离卦"与党怀英的"坎卦"截然相反。"离"为火,南方之卦;"坎"为水,北方之相。清晰明朗的结果结束了长久的争论,一根草茎得来的结论却让两个人的一生从此各行其道。

　　在后来,南方的宋朝多了一个金戈铁马的将军;北方的金朝多了一个博学多才的朝臣。在此后长达数十年的征战中,辛弃疾与党怀英再也未曾见过面,即便偶尔听到对方的消息也多与战局相关,没有了昔日同窗的情义与好友的挂念。

　　多年后的一个秋天,当弃官归家的党怀英手执狼毫,写下寄情山水的恬淡与安详时,辛弃疾依然在他挚爱的战场上所向披靡。命运在彼此的选择中走向各自的分支,很难说辛弃疾戎马一生无所终的结局美好,还是党怀英最后放下一切归园田居的选择更为出众,毕竟人生尽头处的篇章不足以成为对生命盖棺定论的依据。但毋庸置疑的是,流淌在辛弃疾内心深处的民族大义远胜于党怀英偏安一隅的怠惰。

　　一个民族不会长久太平,即便拥有长盛不衰的历史,也是在一场又一场的磨难中依靠坚韧不拔的民族气节传承下来的。在西域漫漫黄沙中,丝绸之路上曾经繁荣一时的国家淹没在岁月沧桑里成了风沙,成了惊鸿一瞥的海市蜃楼。党怀英的惰性或许可以用人性的弱点作出解释，目睹山河破碎却将自己藏进金朝虚幻的歌舞升平里则是他被历史遗忘、甚至鄙夷的原因。一时的自私换来的也许真的是一世的安逸，留下的却会是无法抹去的污迹。

辛弃疾的生命历程变得坎坷起来。他坚守着自己的家国梦，也让自己陷入了颠沛流离的命运中，但即便历尽艰险，与家国融为一体的他也无怨无悔、从不退缩。

"男儿到死心如铁，看试手，补天裂！"面对卦象前的知音，辛弃疾虽然不忍却终究义无反顾。一壶浊酒尽余欢，简单的诀别后，以南方为目的地的旅程由此上演，而那场关于血与火的冒险也由此拉开了帷幕。

第四节　只愿重拾旧山河

所谓"百无一用是书生"。在中国人的印象里，文人似乎总是一副弱不禁风的样子，即便是运筹帷幄、决胜千里之外的军师们也无法同披荆斩棘、领兵千万的将军们一样与伟岸一类的词汇挂上钩。然而，历史总会有意外出现，辛弃疾便是这样的意外。

烈日秋霜，忠肝义胆，千载家谱。得姓何年，细参辛字，一笑君听取。艰辛做就，悲辛滋味，总是辛酸辛苦。更十分、向人辛辣，椒桂捣残堪吐。

>　　世间应有，芳甘浓美，不到吾家门户。比着儿曹，累累却有，金印光垂组。付君此事，从今直上，休忆对床风雨。但赢得、靴纹绉面，记余戏语。（《永遇乐·戏赋辛字送茂嘉十二弟赴调》）

辛家世代刚正不阿，用辛弃疾的话讲，这样的品性如酷暑的烈日、更如深秋的寒霜。他笑自己的姓氏"辛"字如同椒桂一般辛辣，看似自嘲之语，却是他对自己坚贞不屈、誓不低头的硬朗品质的坚持。

他看透了南宋的运行规则，认为世间即便有美好的东西也不会轻而易举地来到自己门前。面对同朝为官者的刁难，辛弃疾绝不屈服；面对来自金朝的压迫与剥削，辛弃疾更是坚决抵制。

公元1161年，金朝发起的又一场南侵拉开了帷幕。尽管金朝统治区内的汉人因为完颜亮的残暴统治揭竿而起，但完颜亮的野心还是在过往的胜利中膨胀到了无以复加的程度。

关于完颜亮，史学家的评价褒贬不一。有人认为他是金朝基业的缔造者，正是因为他的"雄才大略"才开创了女真民族的辉煌盛世，也才结束了辽国对其的野蛮统治；而从宋朝的角度看，完颜亮及其部族的异军突起却是挥之不去的梦魇。

不过，抛开完颜亮的功过是非不说，这个对战争有着特殊爱好的外族首领觊觎中原大地已久的事实却是史学界难得的共识。

在还未成为金朝皇帝之前，完颜亮就对他的亲信说出了三个愿望。第一个是国家大事由他一人独裁；第二个是出兵讨伐宋、辽等邻国；第三个则是将天下的美人聚到一处，成为自己享乐的物件。

金熙宗皇统九年即公元1149年，完颜亮发动政变将皇帝赶下宝座，实现了自己的第一个梦想。那时，金熙宗的昏庸无能俨然成为朝野上下最大的心病，虽然完颜亮弑君登基有一定的民意基础，但从人伦礼仪和朝堂纲常来说，他的行为依然算不得正义之举。

此时的上京作为金朝的都城难免会有金熙宗留下的各种活动痕迹，完颜亮生怕属下睹物思情，于是不顾金朝贵族的反对，执意将都城迁到千里之外的燕京。

贵族们本就对完颜亮的上位充满质疑，见新一任君主在迁都这样的大事面前都一意孤行，他们感到了不满与恐慌。为了捍卫自己的利益，那些在金熙宗时期颇有地位的官员与皇亲国戚开展了一场针对完颜亮的讨伐。

完颜亮深知理亏，却绝不低头。在他看来，若真的遂了旧臣们的愿望，那么刚到手的皇位与自己的权威就要受到威胁。思量再三，完颜亮听从了心腹的建议，决定以屠戮的方式让潜在的反叛者永远张不开口，而他藏在"友好"面孔下的残暴与血腥本性也在宫闱内的刀光剑影中尽显无遗。

大权在握，必有恃无恐。完全控制了大金朝廷后，完颜亮的野心急剧膨胀。他改革吏治，加强中央集权，将"三省六部"改为"一省六部"，提升皇帝的统治权威；他将大批的女真人从北方迁至南方，以此壮大金朝在中原的势力，为进一步展开对南宋的侵略积攒力量。

侵略的步伐带来征服的快感，享乐的欲望催生对美人的渴望。一介武夫完颜亮，其排除异己的残忍本就臭名昭著，其对美色的嗜好更是众人皆知。历史上，关于完颜亮收集美女的趣闻和野史有许多，有人说他将自己的亲侄女纳为宫人，也有人说他发动对南宋的讨伐是为了南宋宫中那位比西施还要美丽的妃子。

玄妙的说辞满足了人们臆想的愿望，故事也因为遗落在坊间的段子变得扑朔迷离。人们好奇于稗官野史，更渴望历史的真相。好在历史并没有陷于"据说"，文人和史官们的文字在刻画了自己所处时代的沧桑巨变外，也为后人了解曾经的故事提供了直观的证据。

从史书上看，完颜亮对美人的喜好远不如他对江山的嗜好。

> 东南形胜，三吴都会，钱塘自古繁华。烟柳画桥，风帘翠幕，参差十万人家。云树绕堤沙，怒涛卷霜雪，天堑无涯。市列珠玑，户盈罗绮，竞豪奢。
>
> 重湖叠巘清嘉。有三秋桂子，十里荷花。羌管弄晴，菱歌泛夜，嬉嬉钓叟莲娃。千骑拥高牙，乘醉听箫鼓，吟赏烟霞。异日图将好景，归去凤池夸。（柳永《望海潮·东南形胜》）

柳永把西湖的风光与杭州的繁华描绘得入木三分，被"三秋桂子，十里荷花"感染的完颜亮一改宫殿里北方苍茫大地的雄浑风格，将寝宫的屏风换成了西湖和吴山的风景。

自古，杭州便是人杰地灵的地方，这里演绎着许多有名的传说，也在烟雨朦胧中见证着朝代的变迁。在歌舞升平的年代里，它的美丽让人心生安逸，才子佳人在春风的沐浴里写下的浪漫诗篇，即便充满神话色彩，也能口口相传、源远流长；战乱四起，人心惶惶时，那些令人陶醉的景色又成了侵略者觊觎的对象。

"提兵百万西湖上，立马吴山第一峰。"看着那副"可远观而不可亵玩焉"的山水画，完颜亮意犹未尽地在画中的吴山上画下了自己的身影。退步欣赏时，他的内心在充满憧憬之余更充满了失落的阴霾。

他渴望自己能成为立在吴山上的王，更渴望自己的军队踏平南宋的江山。在他眼里，南宋的皇帝赵构简直是不堪一击，即便此时他正因为治下的反叛筋疲力尽，但他坚信麾下的数十万铁骑一定能跨过天堑，最终将偏安一隅的赵氏斩于马下。

无怪乎，他敢顶着举朝上下的反对声出兵南侵。

无怪乎，他能信心百倍地吩咐完颜雍为即将到来的凯旋准备庆典。

完颜亮的队伍在王都休养一段时间后，战斗力早已恢复到之前对宋作战的水平，尽管金朝内部不和谐的声音对出兵造成某些干扰，南征的官兵还是如期开拔。在完颜亮的眼里，赵构的能力简直可以用"不堪入目"来形容，而他对宋朝军队的作战能力更是嗤之以鼻。

离开金朝都城，完颜亮的豪情壮志被壮丽的河山催发得愈发膨胀。他命令三军加快步伐，期待对宋决战的开始；他指天发誓，定要在百日之内将南宋收归囊中。金兵的斗志被有效地点燃，南宋官兵的愤慨也在同一时刻爆发。

不过，正当这位女真皇帝沾沾自喜、意气风发的时候，一场来自百姓的抵抗却阻拦了他南下的步伐，并间接触动了女真统治阶层的争议，改变了完颜亮一生的结局。

没想到他的数十万大军却被辛弃疾率领的区区两千兵马困住了。

此时，仅剩半壁江山的南宋虽然没有先前富庶，但朝堂上下的有志之士仍然为光复疆土努力着。平民百姓虽然没有在战争准备中获得利益，但这并不妨碍他们成为抗击金兵的力量。

赵构从哥哥手里侥幸捡来的江山还没有捂热，对是否全力对抗金兵有些踌躇。朝臣上下一片"王师北定中原"的请求，并没有让赵构热血澎湃，相反，他依旧很"淡定"。

意气风发的金兵迅速来到边境，南宋皇帝派兵迎战的消息却迟迟未到。金朝统治区域内的汉人和如辛弃疾这样的有志之士们激愤着，更期待着。如果说先前岳飞直捣黄龙的失败是一场王朝难逃的劫数，那么，这一次，辛弃疾和他的同伴们绝对不会再次坐以待毙。就这样，一支没有官府支撑却早已赢得民心的义军诞生了。

两千个男儿，家庭背景各不相同。他们不是专业的佣兵，更不是武艺高强的侠客，他们没有朝廷派发的俸禄，也不会在官吏造册簿上留下姓名，但为了国土与尊严，他们成了抗金斗争中最魁梧的勇士和最牢靠的壁垒。

作为统帅，辛弃疾深知自己所辖部队的不足。粮食是百姓捐赠的，衣服并没有统一的样式，刀剑下的一般对抗尚且可行，一旦近身肉搏，这些以农耕为本的汉人绝不是金朝狩猎者的对手。好在一切并没有他想象的那样糟糕。与以往的"纸上谈兵"相比，行军前短暂的训练让他感受到这支正义之师的威武与魄力。

他们没有坚硬铠甲可以保护自己，但强韧的内心却足够支撑他们在刀光剑影中横冲直撞。他们的体力也确实没有游牧民族强壮，但慷慨赴死的勇气却足够让他们把侵略者打得溃不成军。

或许，面对这样一支队伍，辛弃疾的眼眶会因为内心的悸动而湿润。这种湿润不是懦弱，更不是妇人之仁，相反，这种流淌在内心的温暖是一个爱国赤子与并肩作战的兄弟惺惺相惜、生死与共的真情流露。

济南，这个曾经的宋朝重镇，此时正成为金朝统治下汉人抵挡蛮夷的第一要塞，人们就仿佛期盼当年的岳飞和岳家军，现在同样将希望寄托在它和在其中作战的义军身上。

坊间传闻辛弃疾是个舞刀弄枪的侠客人物，在小说与戏文里他也常常以骁勇善战的形象示人。关于他是否真的如武侠小说中刻画的人物一般拥有超人的武功，我们没有考证的必要，但这一次组织义军反抗金兵的行动却让他善于用兵打仗的才华得到了前所未有的体现。

早年，辛弃疾曾经在祖父的安排下前往辽阔苍茫的草原上做过实地勘察，对金人的作战习惯和作战特点了然于胸。为了将敌人的短板转化为自己的长处，辛弃疾将作战的地点圈定在济南南部，这也显示了他精准的眼光和优秀的全局意识。

几番交战，金朝的数万大军被辛弃疾区区两千兵马攻破，而完颜亮的"百日宣言"也因为义军的抵抗化为尘埃。

以往与北宋作战所取得的胜利曾经给完颜亮带来了前所未有的快感，他相信自己的军队会所向披靡，自然也对眼前的失败充满不甘。他没有预料到这支毫无番号可查的义军会有如此大的力量，但他更相信自己注定是南宋的克星。一时的失败让金朝的南侵部队有些失落，完颜亮则不以为然。

他命令失败的军队退出山区休养，整装后重新出发。

这一趟出阵，完颜亮更加气势汹汹。

他不管不顾地前行，所到之处凡遇汉人皆就地正法。对他来说，完成攻下南宋大计才是此时最重要的任务，其他的得失可以一概忽略不计。辛弃疾则在这样的背景下嗅到了危险的气息。

在他看来，地位与配置都属于劣势的起义军之所以初战告捷，其根本原因是完颜亮及其军队将目标和重心放在了南宋军队之上，因此对于统治范围内的起义军崛起并没有给予过多的关注，也没有采取压制的手段。而当起义军与金兵正式交手后，完颜亮势必会对起义军有所戒备。若他采用针对性的扫荡或歼灭手段，辛弃疾反倒不担忧，令他感到不安的是完颜亮的拿手好戏——以柔克刚。

　　曾经，好友党怀英正是在金朝统治者"友好"的面具下放弃了抗金的欲望和勇气，如今若起义军中穷苦的兄弟们抵挡不住完颜亮开出的优厚条件的诱惑，那两千多人的战斗成果功亏一篑也不是没有可能。

　　想到这儿，辛弃疾觉得应该趁完颜亮尚未展开攻势时采取行动。强制式的发号施令显然不能管住兄弟们的心，辛弃疾觉得最可行的办法是找到其他志同道合者，通过强强联合达到共同对抗完颜亮的目的。

　　于是，耿京——这个金朝统治区域内势力最大的义军首领毫无疑问地成了辛弃疾最合适的投靠对象。

第二章

英雄气·一个人就是一支骑兵

第一节　起义烟尘里

在很多人的印象里，有志向的人通常是不甘心寄人篱下的。无论是当年四处寄人篱下最终立国的刘皇叔，还是冲破牢笼最终成为一代君主的赵匡胤，燃烧的激情和奋发的斗志在催促他们改变现状的同时，也让他们的精神品质成为下属的指引。

然而，辛弃疾却是个例外。

为了实现南侵的计划，完颜亮在国内发动了大规模的征兵，并以收缴苛捐杂税的方式从百姓身上榨取出征的资本。

"水旱螟蝗间作，官中赋税之外，以和籴为名，强取民间者，如带籴、借籴、帖籴之类，二年之间，不下七八次。民间有米，尽数为之拘括，无，即以户口大小拟定数目，勒令申纳。"（《三朝北盟会编》）

百姓的苦不堪言给辛弃疾的队伍带来了最好的兴兵理由，却同样也是他难以延续战斗的缘由。早已被完颜亮搜刮殆尽的百姓所剩无几，即便大家倾囊相助，辛弃疾和他的部下所能得到的粮草也无法支撑他们长期与金朝军队相抗衡。

战局起初还是顺利的，但若长久纠缠下去，辛弃疾自知力不从心。为了给兄弟们找到延续下去的依靠，辛弃疾转而投靠到众多起义军中规模最大、力量最为雄厚的耿京所部，虔诚而谦卑地成为他帐下众多将领中的一员。

公元1161年是个值得记忆的年份，那一年，金朝占领地区内的百姓无法忍受完颜氏的横征暴敛，终于掀起了反金的浪潮。

公元1005年，全盛时期的辽国与北宋签订了旨在议和的"澶渊之盟"，占据着北方广袤土地的契丹民族如同俯瞰草原的雄鹰一般，所向披靡，锐不可当，即便是骁勇善战的蒙古部落和女真族都无法与之抗衡。可惜，时运轮转，一百年后，契丹族人在一场场战斗失利中渐渐沦为女真贵族的奴隶。蛮横的压迫让本就心有不甘的契丹人更加不服气，终于，在耶律翰罕的带领下，女真北部边境的契丹人开始反抗了。

刚得到奏报时，完颜亮还不以为然，在他看来，如今的契丹完全可以用"苟延残喘"来形容，唯一阻挡他统一北方与中原的只有摇摇欲坠的南宋朝廷。完颜雍请旨招降耶律翰罕，完颜亮却置之不理，径自将重心放在对宋作战上。

统治者的忽略给了耶律翰罕难得的机会，他充分利用时间，将自己的军队势力扩到最大。受其感染，女真统治下的汉人们也开展了自己的反抗。

中原，东海县张旺、徐元带领部下对女真的残暴统治说"不"；海州，魏胜率三百将士光复了这片本属于天朝的土地；谕州，王友直以此为据点率部征战；而齐鲁，耿京的队伍更是意气风发、日渐雄壮。

当四周燃起的熊熊烈火威胁到京都的安危时，完颜亮终于意识到问题的严重性。只是，此时南侵的计划已经启动，他无暇顾及金朝内部的战局，唯一能用来镇压起义力量的只有新编的水军。谁知，这样的决策在给起义军带来难得的发展机遇的同时，也让金朝统治阶层滑落到了分崩离析的边缘。

完颜亮登基时引发的血雨腥风犹在眼前，噤若寒蝉的朝臣们敢怒不敢言，就连颇有作为的宗族长者也只能沉默不语。作为完颜亮屠杀政策下存活的为数不多的氏族成员，完颜雍自然更不敢有丝毫的违抗，尽管他是金朝开创者完颜阿骨打的孙子，可在完颜亮的独断专行面前，拥有一身抱负的他也只能用懦弱的皮囊包裹强悍的内心了。

在完颜亮的心目中，完颜雍的存在简直可以用"一文不值"来形容，这个早已丧失了斗志的同胞兄弟甚至连南宋皇帝都不如。可是，令他没有想到的是，正是这样一个如同影子般的存在却最终结束了他的政治生命。

成长于政治核心的经历让完颜雍拥有不同寻常的政治嗅觉，完颜亮执意南侵的决断让完颜雍感到不安，四周的起义更让他坚信自己的直觉。完颜亮的改革俘获了不少汉人的心，但从血流成河的战场上走来的完颜雍更相信：两个民族因为战争产生的矛盾终究不能用改革去彻底调和。

迫于朝堂上的压力，完颜雍不敢亮出自己的观点，更不会拿出"体察民情"的耐心询问兄弟的意见。十月，执意南下的完颜亮兵分四路，对南宋发动全面进攻。身后的金朝皇宫内却在暗中酝酿一场变革，身为东京留守的完颜雍在担心前线战事的同时更担心祖宗打下的基业在风雨飘摇中坠落。于是，一场废黜完颜亮的预谋悄然迎来结局。

完颜雍趁机在东京称帝,不久消息传到前线,部众军心动摇。十一月二十六日,完颜亮被叛将纳合斡鲁刺杀,随后耶律元宜代行左领军副大都督事,率军北还。

朝堂之上向来龙争虎斗,营帐内的将军们却常常因为彼此性命攸关而团结一致。正当完颜雍与同僚策划如何结束海陵王完颜亮的残暴统治的时候,辛弃疾却带着两千部将在耿京的营帐外严阵以待。

作为从奴隶社会就产生的社会现象,等级制度一直伴随着人们从蒙昧走向文明。按照马克思与恩格斯的观点,即便是经济与科技高度繁荣的资本主义社会,等级上的差异依然是资产阶级与无产阶级之间不可调和的矛盾,而在先于资本主义制度产生的封建社会中,等级制度更是不可忽略的社会形态。

在中国历史上,不同等级阶层不能通婚的制度在魏晋南北朝的时候最为盛行。士、农、工、商四个阶层在平行的轨道上运行,互不干涉,毫无交集,即便是炽热的爱情也不能融化彼此间的阶级差别,而梁祝的传说正是对这种阶级关系最大的讽刺。

宋朝时,等级制度在大唐繁荣昌盛后有了些许缓和的味道,不过,即便这时人们对身份地位的看法没有南北朝时期那么森严,但农民阶级与地主阶级之间的鸿沟依然难以逾越。封建地主改变了原来持有封地的现状,改用租赁、雇佣的方式提升了农民操作土地的自由度,却并未改变他们剥削与被剥削的本质关系。这种地位上的天壤之别让地主阶级对农民产生了天生的蔑视,而他们当中思想意识独立的知识分子,更不会屈尊且"俯首听命以为农夫下"。

可同样锦衣玉食出身的辛弃疾却破天荒地这么做了。

辛弃疾并不是靠读书改变命运的穷困书生,相反,他颇为得意的出身决定了他承袭家业便能荣华一生的命运。对他来说,党怀英的选择是可以复制的,只要他放弃抗金的宏伟志向,他的家世以及自身非凡的才能足以让他成为大金朝堂上炙手可热的政治新星。只是,从天而降的富贵并没有消磨辛弃疾的斗志,在"长恨复长恨"的情绪指引下,辛弃疾迅速成长为理性的战斗者。

当他率领两千兄弟奋起而战时,安逸与泰然便与他形同陌路;当他挥斥方遒时,那些触手可及的金银珠宝便成了幻影。在一场又一场的战役里,辛弃疾的战争才华得到了提升与锤炼,而他也成了远近闻名的统领。在理性思维的掌控下,辛弃疾没有独断专行,更没有刚愎自用。在他面对金兵的来势的凶猛,经过一场深刻的自我总结后,甘居人后的谦逊与虔诚占据了上风。

此时的耿京虽是四十万军队的统领,早年前他却是金朝统治下一名躬耕陇田的农民。成功率部攻占莱芜、泰安后,四周将士的归附让耿京起义军首领的称谓实至名归,辛弃疾也被他身上强烈的反抗意识和杰出的军事才华所折服。

刚到耿京帐下,辛弃疾多少有些不习惯。他之前的队伍虽并不算强大，一切行动却都需要辛弃疾运筹帷幄，很多安排上的细节也需经他再三吩咐。到了耿京的队伍里，辛弃疾一下没有了开口的机会，即便是对自己人马的安排他也只能领命听从，无法自由决策。

直到今天，依然有人对辛弃疾是否真正拥有军事才华而争论不休。一方认为辛弃疾不单用诗词歌赋唤醒了人们的抗金热情，更身体力行创造了文人统兵的奇迹；另一方则认为辛弃疾的诗词虽体现了他勇往直前的斗志，却并不意味着他就是抗金战场上所向披靡的英雄。

坦白地说，上述观点都有理有据，既然无法判定孰是孰非，那不妨放下争执，用心体味辛弃疾所处年代的背景和他的与众不同之处。

如果硬是要给辛弃疾一个评价，那么他绝对是一个有傲骨却无傲气的人，他在金朝统治者面前不屈不挠，在耿京这样的志同道合者面前却谦逊有礼。

当一个人习惯了按照自己的思维模式安排一切行动时，任何有违他思维模式的桎梏都会让他产生挫败与束缚感。辛弃疾在耿京帐下任职前期，发自内心的无所适从实属人之常情，而他甘于放下不适以学习者的身份配合另一位领袖的统筹，则体现了他博大的胸襟与统揽全局的智慧。

身为农民却能领兵数十万，耿京的能力自然不可小觑，而任人唯贤的做法更是他广受四方侠士尊敬的重要原因。辛弃疾不是聒噪的人，在军营里也不算翘楚，可他偶然间一语中的的言论却让耿京发现了他的才华。

此时阵中各路将领已经安排妥当,临阵换将自然不是明智的选择,但放着才华横溢的下属不能尽其才也算不得理智。为了能让辛弃疾发挥最大的价值,耿京思量再三,终于将这个熟读兵书、深谙用兵之道的"文人"安排为义军中的掌书记,而辛弃疾也因为这个官职成了耿京光复大计的重要参与者。

带领两千义军与敌人作战的时候,辛弃疾的战斗经验得到了提升,来到耿京帐下他的言论自然不再是纸上谈兵的空理论。然而,此时的辛弃疾只有二十二岁,即便他的阅历与能力令人称赞,想要让耿京帐下所有人都服气却依然是件难事。

有人质疑辛弃疾是否匹配掌书记一职,认为这个类似机要秘书的职位应该由跟随耿京多年的心腹担任。耿京起初对这类质疑也有些顾虑,只是他明白辛弃疾投靠自己的决心,因而没有对他的职位进行改动。

面对耿京旧部的质疑,辛弃疾自然倍感压力。见耿京并未对自己进行职位调动,他自然也对这位将领"疑人不用,用人不疑"的气度感到钦佩。对他来说,争辩并不是赢得他人佩服的手段,那种有理有据的声讨虽然能抒发他内心的不满却终究不是妥善之计。为了赢得他人的信赖,辛弃疾只能更加努力。他告诉自己,他要证明的不单单是自己能够胜任掌书记一职,更是自己胸中流淌的爱国热忱。即便在他们看来自己只是手握狼毫的文弱书生,那些早已浸透到他内心的勇武精神和战斗意志却能穿透纸张,成为金朝敌军闻风丧胆的武器。

所谓"有志者，事竟成"，在辛弃疾的努力下，他与手下的两千兄弟逐渐获得了耿京所部将领的一致认可。来自他人的信任让辛弃疾体会到融入群体的光荣，那些痛击金兵的谋略与计划连同当年辛赞对他的期许一同成为辛弃疾生命中最重要的记忆。

可惜，不久后，一场突如其来的变故却让辛弃疾在义军中的地位又一次陷入了信任危机。

第二节　刀锋上的宏愿

如同春天的秧苗一般，即便沐浴着同样的雨露阳光，良莠不齐的现象依然难以避免。完颜亮的南侵让汉人有了报仇雪恨的机会，也给了别有用心者投机取巧的可能。

抗金洪流汹涌澎湃，投机分子在这场泥沙俱下的浑浊局势里找到了滋生的空间。即便他们一开始与辛弃疾一样怀抱着救国抗金的志愿，但在残酷的战争和凶悍的敌人面前，他们却失去了以往的坚定立场，并任由自己朝着腐朽的边缘堕落。

如果说身体力行的辛弃疾有难以胜任的嫌疑，那么当年与他同样举兵抗金的义端和尚便是集高谈阔论和纸上谈兵于一身的狂妄之徒。一开始，在寺院中修行的义端本可以不问世事，但金人对佛教的推崇远不及宋人，义端因为供奉的减少没了生路，便转而下了山耕起田来。

女真对农业的重视程度极为低下，农民们不仅要忍受繁重的苛捐杂税，还时不时要为完颜氏的出征额外提供粮草。

原本只能勉强度日的收成在盘剥中所剩无几，不堪金朝残暴统治的农民们相继起兵。和普通农民相比，义端的起点稍微高一些，他不但识字，还懂得些许用兵的常识。于是，喜欢谈论兵法又擅长摇旗呐喊的义端成了众多农民兄弟首先想到的首领人选。

刚兴兵时，义端的出发点与其他农民兄弟是一致的。从未在政坛混迹的他们不知道朝代更迭意味着什么，也不知道武装斗争能引发统治阶层的更换，对他们来说，自立门户、攻城为王是遥不可及的事，唯一值得他们拼尽全力的只有"衣食无忧"四个大字。

"中原人民，屯聚蜂起"，辛弃疾在迅猛的战争局势下迅速成长为当地有名的抗金首领。在激烈的战斗中，平日里夸夸其谈的义端也成为别人眼中的领导者，在出兵之前他最擅长的是念经诵佛，但在赳赳武夫的人群中，义端"鹤立鸡群"的优势还是帮他俘获了众人的信任。

一开始，辛弃疾对这位名不见经传的起义军首领并不怎么在意，随着抗金斗争的深入，这两支辖地交叉的军队有了交集，辛弃疾也才从下属口中听到了义端这个名字。当时的人们用怎样的语句形容义端我们早已不得而知，但从后来辛弃疾与他成为好友并相约投奔耿京门下却不难看出，属下对义端的描述"打动"了辛弃疾的心。

在狼烟四起的战场上，以往一直生活在祖父的庇护下的辛弃疾终于感到了自身处境的艰难。祖父已然先逝，妻儿与家人又在后方，无枝可依的辛弃疾在听到有义端这样一个志同道合的人物时，内心亟待与其认识的渴望可想而知。

初次见面，辛弃疾便难掩内心的激动，他侃侃而谈，希望自己的观点能准确地传递给眼前这个他视为知己的兄弟。半路出家的义端虽然不像辛弃疾一般自小就立下光复河山的抱负，但逢场作戏的功夫还是熟练到家的。起义前，他多次受到金朝官吏的压迫，起义后，他更用一副"同仇敌忾"的模样轻而易举地博取了辛弃疾的信任。

一场交谈下来，辛弃疾满心欢喜，义端却无动于衷。不过，在战局风云变幻的时代里，虽然心境不同，辛弃疾与义端却都知道，彼此再难有见面的机会了。因此，随着时间的流逝，他们二人也渐渐淡忘了这次会面。

岂料世事无常，当辛弃疾成功获得耿京信任后，两人再一次会面竟以你死我活的局面收场。

归顺耿京后，辛弃疾的日常生活变得忙碌而充实。掌书记的官职不算高，常伴耿京左右的他却也总能为义军的战略部署出谋划策。在他的参谋下，起义军的发展进入了一个全新的阶段，耿京所部攻下了兖州后，金朝山东西路的首府东平也被起义军收归己有。

看着起义军日益壮大，辛弃疾为自己投靠耿京的决定感到欣慰。他欣赏耿京的个人魄力，更觉得起义军都应该团结至一处。于是，他想到了义端，想到那个同样拥有独立势力却已然孤独无依的"兄弟"。他告诉耿京，希望将义端及其兄弟们收入帐下，以充实起义军的实力。耿京觉得辛弃疾说得十分在理，便答应了他前往义端处游说的请求。

再一次见到义端，辛弃疾的神色并没有多大的变化，义端的内心则全然不同。和耿京的胜利相比，义端所辖的一千多兄弟在金兵的打击下生存状况岌岌可危，加上粮草、辎重一类物资的紧缺，想同先前那样所向披靡实在是困难重重。

辛弃疾理解义端的处境，更明白他此时为后备物资担忧的心理。当年，他正是因为预料到这样的场面才转而投靠耿京的，如今义端面临了同样的问题，自己自然要带他走出困境。

战争拼的是粮草、辎重和后备物资，起义军短暂的胜利寄托在百姓微薄的支持上，一旦断了供给，起义的斗争便只能在风雨飘摇中艰难维持。

义端被眼前的现实击败，心力交瘁，不知所措，辛弃疾却满心坦然。他告诉义端，现今抗金队伍中，耿京的势力最大，而这支庞大的队伍之所以能如此壮大，正是因为所辖地区广阔，后备充足，因此，想要维持自己的队伍，最好的办法便是投奔耿京，唯有如此才能让自己的兄弟吃饱饭，才能有足够的力气完成抗金的抱负。

这一番话，慷慨激昂，情理交融，义端面色平静地听着，内心却已翻江倒海。占山为王的日子无疑是逍遥自在的，发号施令的快感比起青灯古佛陪伴下的碌碌无为更让人陶醉。队伍难以维系是现实,但若应承了辛弃疾的劝说会让自己陷入另一场庸碌的境地。

义端犹豫不决,既不想放弃身为统帅的一人独大之快感,也不想继续过饥肠辘辘的日子。思量再三,他决定先行解决食不果腹的问题,而后再从长计议,另谋出路。

就这样,义端在辛弃疾的介绍下成了耿京的部下。虽然他带来的人数仅有一千人,但在敌众我寡的情况下,哪怕是多一滴水能汇入江河也是令人欣慰的。

起义军的胜利仍在继续,与梁山泊相接的东平府此时已是耿京起义军的根据地。这个在北宋时被称为天平军节度使驻地的城市正在一股光复的浪潮中重新焕发生机。耿京延续了天朝的传统,自封为天平军节度使,四十几万的人马因了这样一个久违的名号而斗志昂扬,山东、河北一带的起义军就此连成一片,成为众多起义军中最不可忽视的重大力量。

辛弃疾在频频胜利中忠贞不渝,义端却在欢呼声中见异思迁。此时的他早已没有了饥寒交迫的感觉,内心关于"个人价值"的念想便再一次膨胀起来。

在这个所有人都奋战不怠的军营里,有志之士遍布四处,战功赫赫者比比皆是,义端虽口若悬河,但夸夸其谈的功夫却未能在这里得到施展。曾经的"领袖"欲望在梦里频频出现,醒来时才发觉独自一人睡在兵士帐中,失落的感觉让义端开始有了背叛的想法。

尽管匡复河山的口号听上去令人心动,但胜利的荣耀只属于将军,与他这样一个混在行军营帐里的小人物无甚干系。当年金人为了利益将自己视作蝼蚁,如今在此帐中,自己也同样是万人之下的小人物。他对金人的等级分类愤愤不平,同样也对起义军中的上下关系感到不满。一瞬间,他猛然觉得压迫不分来源,与其在此处当个无关紧要的小卒,不如偷了耿京的帅印,到金人那里讨个位高权重、让自己能够荣华富贵的官职。

就这样,一件出人意料的事发生了。

第二日,当耿京发现自己的帅印丢失,并且锁定偷窃者是义端时,他的愤怒和周围人的指责可想而知。辛弃疾还没从不可思议的思绪中回过神来,耿京已然下令,让辛弃疾全权负责此事。辛弃疾清楚自己与此事无甚干系,但碍于义端是自己引荐的缘故,他只能坚定地将这项任务接了下来。

作为一个平凡人,辛弃疾是有惰性的;作为一个英雄,辛弃疾也是有责任心的。面对困难,推脱或许是最简单的办法,可那种洋溢在他内心深处的使命感却不允许他坐视不管。他后悔自己轻易相信了这个"朋友",更为耿京帅印的失窃感到自责。众人的指责还在耳边,辛弃疾却顾不上与他们争辩一二,毕竟,事实胜于雄辩,与其在此处争得面红耳赤,不如将义端擒来,找回帅印。

一骑绝尘尽黄沙,辛弃疾单枪匹马,朝着义端可能逃离的方向疾驰而去。

连夜逃窜的义端此时正捧着那块能让他升官发财的帅印为自己半夜的"壮举"沾沾自喜,本以为再过半日即可到金朝统帅面前获得地位与财物，却不想被后面紧追不舍的辛弃疾抓个正着。

仓皇不定间，义端逃窜到林中躲避。如此拙劣的隐藏又怎能瞒过辛弃疾的眼睛。不费吹灰之力，单人独剑的辛弃疾便将这个叛徒擒住。

义端无助地求饶，劝说辛弃疾饶他一命。他说："我识君真相，乃青兕，力能杀人，幸勿杀我。"（《宋史·辛弃疾传》）辛弃疾却不以为然。

在辛弃疾看来，自己只是一个凡人，如果非要说他有什么过人之处，那便是他满腔流淌着的光复北宋失地的热血与信念。而眼前这位渴望苟延残喘的小人所触动的正是他的底线，辛弃疾又岂有再留他性命继续祸害抗金大业的道理？

横刀立马，辛弃疾果断了结了义端的性命，血迹沾满了帅印，上面刻着耿京姓名的文字却因了这鲜血越发锃亮。当辛弃疾满面虔诚地将这块帅印交到耿京手中时，旁人的不解与气愤顷刻间化为乌有。不久前，帐内还有人对辛弃疾的到来表示质疑，此时，鸦雀无声的帐内除了弥漫着众人对辛弃疾携印归来的震惊外，更充满了对英雄的崇敬与钦佩。

义端丧命前的讨饶听上去可悲更可笑，但这也成了辛弃疾"为青兕所化"这一说法的由来。人们乐意相信这样的"无稽之谈"，自然与平日里对他的认知有着密不可分的关系。

成年后的辛弃疾魁梧伟岸，用朋友陈亮的话讲，他"眼光有棱，足以照应一时之豪；背胛有负，足以荷载四国之重"。

如此壮硕有力的身躯与力大无穷的青色犀牛多少有些相似，但与具象化的形体相比，真正让人们将他联想为神祇的化身的原因确是他独一无二的抗争精神和他敢为天下先的精神品质。

第三节　天下事，可无酒

少不读《水浒》，老不读《三国》。当年少豪迈的气概遇上英雄气短的无奈时，人们除了叹气，更多的是对当事人的同情与感慨。和梁山泊的好汉一样，耿京部队的崛起和所向披靡的战势在给金朝统治者强烈打击的同时也给汉人们注入了强心剂。然而，就像并非所有的揭竿而起都能成就一个王朝一般，敢于抗争的起义者最终也未必都能善终，耿京则更是其中悲壮的代表之一。

而这一切，从完颜亮南侵失利开始就埋下了伏笔。

当浩浩荡荡的金朝部队来到长江边上的时候，南宋的反抗似乎比完颜亮预期的还要薄弱。一路的奔波让兵士们疲惫不堪，完颜亮却因为对南宋朝廷的轻视异常亢奋。

作为天堑，长江是南宋最后的生死线，但南宋皇帝的懈怠却让守城的士兵心寒。眼看金人即将渡江，朝廷委任的宋军防务主将李显忠却依然没有出现。群龙无首，众将无帅，眼看就要任人宰割，提前到前线慰问部队将士的虞允文挺身而出，自告奋勇地担负起了主将的职责。

纵观宋朝历史，文人带兵打仗的先例不在少数。客观地讲，书生出身的文人并不擅长上阵杀敌，但值得一提的是，宋代的士大夫除了可以对日常政务提出自己的意见，还能在研读兵书之余将排兵布阵之道付诸实践。平日里，若让虞允文与朝中武将切磋技艺，他也许不是对手，但此时箭在弦上，即便虞允文深知自己实战经验匮乏，可英勇上阵总比束手就擒好得多。

好在，一切并没有想象的那么糟糕。

一场彻夜长谈，虞允文与众将完成了最后的作战方案。虞允文仔细分析了双方利弊后，决定利用金人不擅水战的劣势来一场"水上"的围追堵截，作战地点定为采石矶。

此时的完颜亮心中早已被急功近利的思想缠绕，他顾不得兵士的劳累，自然也不在意这场战争是否在水上进行。待属下准备好渡江的战船，完颜亮便迫不及待地踏上甲板，朝着虞允文的营地驶去。

江上，进攻者，意气风发。

岸上，守卫者，严阵以待。

一场厮杀在船身触碰到岸边基石之前已然在箭雨中展开。急切想要到对岸与虞允文一决雌雄的完颜亮下令全速前进，虞允文及其属下却竭尽所能地将这匹只能在草原上驰骋的野马困在甲板这一方寸之地。完颜亮见靠不了岸，只好让弓箭手与虞允文对峙。可是波涛汹涌下的颠簸却让彪悍的战将们头晕目眩。还未及定身，原先还在岸上的宋军早已趁机攻上船来，女真的彪形大汉刚想举刀，船身的摇晃却让他们没有出力的机会。

完颜亮原本还对自己所向披靡的部队充满信心，谁知一场水战却让他们兵败如山倒。在众人的掩护下，完颜亮杀出一条血路，终于摆脱了宋兵的追赶，成功回到了岸边，再回头，能逃离战火的侍从却寥寥无几。

向来趾高气扬的完颜亮在长江边上终于尝到了丢盔卸甲、落花流水的滋味，生性高傲的他原以为"留得青山在，不怕没柴烧"，但没想到金朝内部的动荡却如就地燃起的烈火将他烧得片甲不留。

完颜雍蓄谋已久的叛逆在一个月黑风高的夜晚迎来了大结局，他仿照完颜亮的桥段发动了一场兵不血刃的政变。遭遇前后夹击的完颜亮气急败坏，命下属重新寻找突破口，在扬州渡河伐宋，以此谋取在长江南岸延续王权的可能。

只是，一切都已经太晚了。

兵士们因为采石矶战役的失败而心有余悸，惊魂未定之余又接到完颜亮再次出兵的命令，他们自然全力抵抗，完颜亮却丝毫不愿退让半分。无奈，两相权衡之下，完颜亮的侍从们最终选择了活命，而完颜亮的性命也因为帐内的这场兵变终结在长江边上。

完颜亮之死也改变了整个完颜氏的对宋策略和金朝的政治局面。完颜雍称帝不久便下令停止侵宋战争，励精图治，停止了海陵王时期力行汉化的政策，推行了温和的"女真为本"的民族政策，他在采用汉制的基础上积极发起"女真文化复兴运动"，在降低汉族人民地位的同时提高女真部族的待遇。

完颜亮当政期间，延续了金熙宗的对汉政策，并在其基础上放宽了对汉人提拔任命的底线，这一点虽然在一定程度上缓和了金朝统治区域内的汉金关系，引来的却是女真贵族的不满。

在封建时代，贵族阶级是确保整个皇权顺利运作的根本保障，他们的喜怒情绪固然不像皇帝的那般影响巨大，可朝廷的制度一旦影响到了他们的切身利益，平日里看似慵懒的贵族们便会用自己的方式去改变整个局势的走向，甚至终结天子的性命。完颜雍的崛起是女真贵族保障自己利益的不二选择，完颜亮的殒命同样是因为他与贵族们利益上的不统一所致。

面对将自己扶植起来的贵族同僚，完颜雍自然要全力为其谋取利益，他的这些举措看上去有些势利，但对于因为战争国库已然空虚的大金国来说，完颜雍对战争采取的平和政策也在一定程度上减少了普通百姓所受的战火之苦。

金人的地位重新得到提升，汉人的反抗自然越发高涨。为了结束连年征兵导致的民不聊生的境况，完颜雍宣布自己不再对南宋进行讨伐，而对统治区域内的汉人起义者则采用"软硬兼施"的策略。

登基的鼓乐刚刚散去，他便向起义军抛出橄榄枝，希望他们能归附朝廷，并一同为大金国的繁荣昌盛贡献自己的力量。起初，斗争正酣的起义军并不以为然，但随着完颜雍怀柔政策的不断推进，那些厌倦了血雨腥风的男儿们开始有了动摇的趋势。

和1161年相比，1162年义军的斗争气势显然低迷了许多。耿京和他的队伍依然在各自的战场上给金朝军队造成重创，但环视四周，那些曾经并肩作战的兄弟联盟却在完颜雍的诱惑下节节败退。原本星星之火眼看便要燎原，一场利诱的"大雨"却从天而降，反抗的火苗只能在湿润中微弱闪烁。

这样的局面令耿京深感担忧，同在帐内的辛弃疾又何尝不是一样。帐外，皑皑白雪看上去凄冷无比；帐内，熊熊燃烧的烈火也未曾将士气点燃。耿京急切需要找到破解眼前局面的办法，可平日里争相发言的兄弟们此刻都缄口不言。

当年耿京带着兄弟们在田埂间起义造反时，心中所想的只是摆脱金人强加在自己身上的痛楚。国土沦陷的痛苦他们感同身受，连年取得的胜利更多的是因为他们同仇敌忾、团结一致，至于金军的作战风格和调配机制上是否有疏漏他们却无缘了解。

耿京是不善言辞的带兵好手。他可以推心置腹地将自己内心的话语告知兄弟们，却不晓得如何巧妙地劝说他们将心中的想法和盘托出。几次欲言又止，耿京终于放弃了让兄弟们畅所欲言的期望。冷场之余，耿京知道，唯一能给出可行建议的只有辛弃疾一人。

作为唯一在金朝官场待过的"间谍"，说辛弃疾是军中最了解金朝做派与女真人作战习惯的人一点也不为过。耿京知道，他手里骁勇善战者众多，能看清局势并作出准确分析的却只有辛弃疾一个。

辛弃疾自然知道自己此刻的建议对耿京及整个起义军的重要性，迎着耿京热切的目光，辛弃疾稍做思量，凝神静气后才将自己的想法和盘托出。同先前一样，辛弃疾对起义军能否长久维持的判断依据依然集中在生存环境上。在他看来，金朝的这次政策调整符合女真贵族的根本利益，因此不会昙花一现，他相信抗金起义军最初都是为了反抗压迫，但当迫使他们起义的压迫消失，他们对战斗的渴望便不会像先前那样强烈。

虽然，如今的起义军还能用光复宋朝失地的口号作鼓舞，但和触手可及的高官厚禄相比，空洞的理想显然更需要勇气和毅力来维护。若继续维持单枪匹马的战斗，起义军孤独无依的现状将导致最后的失败，不过，若能获得南宋朝廷的信任和赏识，起义军的地位和将士们的决心将会在新的条件下得到放大，对金斗争也能因此延续下去。

辛弃疾的一席话掷地有声，耿京惶恐的内心也似乎找到了救命的稻草。先前，他也曾想过与南宋朝廷合作，但脑海中对个人独大的渴望让他不由得放下了脚步。如今，起义军的队伍还能否维系下去的问题迫在眉睫，与生死存亡相比，权力与地位显得不再重要，寻找南宋的支持也因此成了势在必行的策略。

梁山好汉的豪情壮志在历史故事中流传下来，离水泊不远的深山里，耿京和他的兄弟们的起义同样慷慨激昂。当属下的队伍面临前所未有的压力时，耿京和宋江制定的出路都是寻求靠山，只不过前者归降并没有忘记起义的初衷，后者接受招安却是认敌为友。

选择的不同注定了结局的差异，耿京对辛弃疾的赞同得到了起义军的支持。他们多数来自田间乡里，在来势汹汹的金朝诱感中迷失了方向，耿京的执着却为他们带来了坚持下去的理由。

耿京很高兴自己的部下能如此团结一致，所以未曾觉察到这种一团和气的背后其实早已暗流涌动，而这种平和的假象往往也容易让人放松警惕。

鉴于军中不能没有主帅，耿京思量了一番，决定派遣副手贾瑞到南宋朝廷向宋高宗提交归顺的书信。贾瑞对耿京的安排自然没有二话，可对自己是否能顺利完成此项任务还是充满担忧。用他的话讲，南宋朝廷里都是文人墨客，那些高官多数才高八斗，自己大字不识，若详细谈起来自己只怕无从应答不说，还可能导致归降的失败。耿京觉得贾瑞说得也在理，便点点头，又派遣辛弃疾一同前往。

就这样，前往南宋寻求支援的决定成了这次帐内讨论的最后结论。辛弃疾很高兴主帅能听从自己的建议，更为起义军将与南宋朝廷的结合感到兴奋。多少年来，辛弃疾一直盼望着自己能像岳飞那样带着恢复山河的辉煌而战，起义军的旗号也是"光复失地"，然而没有大宋朝廷的支撑，起义军在作战中就缺少了替天行道的名头。如今，耿京终于同意归顺南宋，这一举动不但改变了起义军山野莽夫的身份，更让他们真正成为南宋朝廷插入敌人腹地的一把尖刀。

皑皑白雪，万里银山，一轮红日升于东方，仿佛起义军此时冉冉升起的希望。辛弃疾是个不拘小节的人，对酒却有着特殊的执着。年少时，辛弃疾的酒量便已经很惊人，他说自己"却得少年耽酒力，读书学剑两无成。"（《偶题》）可谁都知道酒之于辛弃疾不单是壮行时的豪饮,更是壮志时的豪情。

轻装上阵的辛弃疾将包裹随意背在身上,与贾瑞在耿京的陪同下走出军营。耿京不再多说什么,只举一碗好酒为使者送行,辛弃疾本想上马径直离去,见耿京如此,便将马牵到一旁,转身恭敬地接过了耿京递来的酒。

初出茅庐时,辛弃疾可以饮酒而狂,此刻杯中酒依旧,辛弃疾的心中却翻不起半点潇洒的情绪。

此去山高水长,辛弃疾深知肩上责任重大,更忧心尚无定论的结局。他郑重地将酒杯举过头顶,凝重地对耿京点点头,将酒一饮而尽。耿京本还想嘱咐几句,见辛弃疾如此慎重,便只拍了拍兄弟的肩膀,任一切尽在不言中。

南宋之行,始于足下,马蹄声响起,辛弃疾与贾瑞朝南而去。他们不断地挥舞马鞭,只希望自己能快点为义军争取后备依靠。耿京看着辛弃疾和贾瑞远去的背影,内心自然也充满期待。

只是,谁也没有想到,这原本寻常的道别竟因居心叵测的小人最终演变成了诀别,辛弃疾从此与耿京阴阳两隔。

第四节　乱世用重典

金、宋对立时期,两国内部的武装反抗队伍均不在少数,在都面临外患的处境下完颜雍选择了以利诱为主的收买政策,宋朝皇帝选择的却是以铁腕手段为主的镇压政策。两者虽然都起到了一定的效果，但就国内经济的恢复与民生的长久发展而言，前者显然更具优势。

君子坦荡荡，小人长戚戚。出自本性，每个人都会对个人得失作出权衡与考量，当两者之间产生矛盾时，君子与小人的做法便有了天壤之别。

在抗金情势一片大好的时候，耿京内心对权力的渴望自然无可厚非，但当他的起义军遇到了生存难题时，他首先抛下的是自己对权力的执着，转而思考的是如何将这支队伍延续下去。可惜，在他为起义军的兄弟们考虑出路的时候，一名叫张安国的将领却为自己的个人私利处心积虑、斤斤计较。

明枪易躲，暗箭难防，耿京军中看上去一团和气，实际上却钩心斗角。并非所有人都能在长久征战、出生入死后不改初心，在嗅到金朝稍带缓和的气息后，诸如张安国一般心生懈怠的人开始被个人私欲吞噬。

成功瓦解了大部分义军之后，完颜雍将说服的重心放到了耿京的队伍上。面对铁血铮铮的耿京，完颜雍的谋士们一时找不到攻克他的弱点，加上耿京主帅之位的诱惑本就比金国朝廷里的一般小官要大，因此强行对耿京进行收编或是招安恐怕十分困难。

于是，经过一番商议，金人将最终的说服对象锁定为耿京的部下张安国。作为和耿京一起白手起家的老部将，张安国的资历显然比辛弃疾要深得多，但对职位与待遇的不满却让他成了金人最容易攻克的对象。耿京任人唯贤，对此张安国觉得自己的地位受到了挑战，而金朝开出的条件又让他蠢蠢欲动。一种"与其在此处不受重用，不如到金人面前大展身手"的想法开始滋长。

完颜雍的政策的确诱人，躺在温柔乡里的安逸显然比在山窝里枕戈待旦的艰辛舒服得多。光复失地的愿望不再是他们的人生理想，反抗金朝的渴望也成了他们的累赘。当辛弃疾提出联合南宋的建议时，张安国和身边的变节者想到的不是队伍的未来，而是荣华富贵的消失。

于是，在个人利益的驱使下，张安国最终将谋逆之心付诸行动，用耿京的头颅换来了女真朝廷允诺的荣华富贵，即便数十万兄弟因为这一夜的变故而亡命天涯，他们也无动于衷。

绍兴三十二年即公元1162年，原本以燎原之势蔓延的星星之火在突如其来的变故下几近覆灭。曾经如火如荼的抗金斗争中在风雨中摇摇欲坠，以血明志的誓言还在旌旗上回荡，同袍的情义却成了过往的烟云。

此时的南方，宋朝皇帝正在一片歌舞升平中会见两个从北方跋涉而来的忠臣。他们没有科举的出身，也没有殷实的家境，但他们身上所怀着的对大宋朝廷的忠心却足以让宋高宗倍感荣耀。

宋高宗会到南京巡视，原本跟辛弃疾和贾瑞无关，仅仅是因为长久待在宫中的他感到烦闷，至于意外遇上这两个归顺的臣子，宋高宗觉得简直就是上天赐给他的一份惊喜。

对于宋高宗来说，朝中群臣对自己的主子尽忠是他们的本分，算不得什么。高宗的志向也不在北方广袤而遥远的土地上，有南边属臣的拥护对他来说已经足够了。因此，当他见到辛弃疾和贾瑞的时候，对这两位英雄超越地域限制的忠诚深感意外，他在感动之余，立刻封官行赏，将耿京封为真正的天平军节度使，并将辛弃疾加封为右承务郎。

一场皆大欢喜的赏赐后，义军中被奖励的兄弟多达两百多人，辛弃疾与贾瑞倍感欣喜之余，更觉得这时投靠南宋的决定是正确的。为了表示对义军的重视，宋高宗命人下发了专门的任命文件，并命人制作专门的仪仗配于义军，辛弃疾与贾瑞自然叩谢隆恩。高宗为两人赐座，并命枢密院派遣两位专员带着文件与仪仗同辛弃疾等人一道去为耿京封赏。次日，辛弃疾与贾瑞便满怀希望地踏上了回归的路。

然而，正当他们满心欢喜地为义军名正言顺地归顺南宋朝廷而欢欣鼓舞时，耿京被杀的消息使他们的心一下子跌落到谷底。辛弃疾起初还不敢相信，镇定下来后才询问报信之人，杀死耿京的是哪位金兵将领。报信者见辛弃疾如此询问，心中暗自叹息，好半天才将张安国等人密谋杀害耿京的过程告诉了辛弃疾。

听完后，一向坚毅的辛弃疾忽然觉得天旋地转。

从小，辛弃疾就在祖父辛赞的教导下为抗金做准备，他将女真人视为仇敌，自然而然将与他有着同样抱负的汉人视为知己。当年，辛弃疾为了让自己手下的两千兵士能继续抗金，果断选择了耿京作为自己投靠的对象。做出这样的选择，除了因为耿京所部是当时最大的抗金势力，更是因为耿京手下带着的是和自己拥有同样志向的汉人兄弟。

他信任他们、依赖他们，认为即便自己在战场上殒命，义军中的兄弟们依然可以将复国的理想继续下去。然而，就是这样一支对辛弃疾来说可以生死相托的队伍里却出现了为了一己私利残杀自己兄弟的恶魔。

辛弃疾震惊了，他无法想象张安国是如何将屠刀朝向自己的兄弟的，更无法想象死去的耿京在闭眼的那一刻是多么的痛心。

耿京的人头成了张安国等人邀功的筹码，义军也因为群龙无首而失去了战斗力。原本坚硬得如同一块钢板的义军队伍，此时变成了一盘散沙，辛弃疾一时间不知道该怎么处理这样的局面，更不知道下一步该如何走。

南宋的使臣就在门口，若随他们返回南宋，即便颜面有失，却也能谋得一官半职，为抗金斗争继续尽力。但耿京的大仇谁来报，军心涣散的义军又将如何是好？

想到这儿，辛弃疾拍案而起。

他告诉使者，自己同贾瑞到南宋面见圣上本意是为了归顺朝廷，以此为抗金起义军争取更多的斗争机会，不承想才几日，主帅便因了小人的变节而命丧黄泉。如今，义军军心涣散，若仓促离开任兄弟们四散逃离，别说对不起死去的耿京，更对不起皇帝的一番信任。为今之计只有将叛徒缉拿归案给兄弟和皇帝一个交代，否则，死者无法安息，生者也无法前进。

枢密院的两位侍从本是文职，见义军中发生了如此变故，心中恐慌不已，恨不得赶忙离开这混乱不堪的场面。听辛弃疾说出解决办法，他二人自然毫不犹豫地答应了他的请求。

就这样，一场斩杀叛徒的好戏上演了。

"余谓侯本以中州隽人，抱忠仗义，彰显闻于南邦。齐虏巧负国，赤手领五十骑缚取于五万众中，如挟毚兔，束马衔枚，间关西凑淮，至通昼夜不粒食。壮声英概，儒士为之兴起，圣天子一见三叹息……"（《稼轩记》）在那场惊心动魄的追赶中，辛弃疾如追逐一只狡猾的兔子一般，历尽艰险，颗粒未进。人们为他和兄弟们惩治叛徒的行为感到欢欣鼓舞，连皇帝也为他连声赞叹。

当然，关于辛弃疾追拿张安国这个段落，史学家们有不同的观点。有人认为，辛弃疾虽然追捕了潜逃的张安国，却未能成功将他绳之以法；也有人认为辛弃疾的追拿以失败告终，当时将张安国抓捕入狱的是《魏胜传》中的王世隆，而且整个抓捕过程并非像文章中描述的那样豪气冲天，而是一场斗智斗勇的暗中较量。

据说，当时张安国正在济州城内躲避追兵，王世隆利用老友的关系单独探访了张安国，这才获得了与他接触的机会，才得以一举将他拿下，使其成为阶下囚。

对于这样的争论，我们不做深入的探讨，更不对孰是孰非盖棺定论。对于历史来说，真相永远是充满诱惑的谜题，对于寻常百姓来说，英雄之所以充满传奇色彩，重要的是在于他身处困境却依然为信念奋战到底的精神品质。

即便最后将张安国打入牢房的不是辛弃疾，他在知晓耿京被杀后，义愤填膺，径直带兵追杀张安国的行为依旧值得赞许，令人钦佩。

张安国原以为义军中没有了耿京，他便可安然无恙地享受投机取巧而来的富贵生活，不承想，这个被营帐内的武将们视为文弱书生的辛弃疾却出乎意料地成了自己的克星。

他不明白辛弃疾为何会如此执着，更想用自己多年的辛苦和人们对战争的控诉来为自己辩白，但当他口若悬河地进行演说时，辛弃疾据理力争的反驳和横眉怒目的神色却让张安国的辩词显得苍白无力，甚至肤浅可笑。

辛弃疾的壮举为义军所赞扬，宋高宗却因为张安国等人的背叛没有触动王朝人民的根本利益将这几人的生死放在心上。在他看来，张安国等人只是背叛了义军，真要惩罚，只将主犯正法，杀鸡儆猴即可。

但，辛弃疾却不这么认为。

在他的眼中，这场义军内部的哗变表面上看是兄弟敌对的结果，其实却是因为他们无法抗拒金朝的政策诱惑而发动的一场通敌叛国之举。沉疴用猛药，乱世用重典，辛弃疾坚定地认为只有将张安国及其从属全部处斩，才能让死去的耿京安息，唯有如此，也才能告诉将士们背叛的行为是要以生命为代价的。

最后，这场个人私欲下的变节以张安国人头落地而告终结。一段轰轰烈烈、振奋人心的抗金历程也伴随着背叛者的死而烟消云散。看着张安国叛逃一事落下帷幕，辛弃疾的胸中百感交集。他长叹一口气，为耿京的死哀悼，也为义军曾经的辉煌感到惋惜。

从此，女真人的对手里再也没有耿京义军这支队伍，辛弃疾也因为皇帝的赏识而正式成为南宋朝廷的一员。回归宋朝的喜悦与旧部分崩离析的悲哀并存，辛弃疾无可奈何却只能默然接受。

壮岁旌旗拥万夫，锦襜突骑渡江初。燕兵夜娖银胡䩮，汉箭朝飞金仆姑。

追往事，叹今吾，春风不染白髭须。却将万字平戎策，换得东家种树书。（《鹧鸪天·有客慨然谈功名因追念少年时事戏作》）

皇帝的赏识给了辛弃疾建功立业最好的资本，义军中依然怀揣光复失地梦想的男儿随着辛弃疾一同投奔到南宋门下，这个豪气冲天的男儿带着他志同道合的兄弟们开始在南宋建功立业。

然而，人生总难尽如人意，辛弃疾期待在南方雪国耻、复中原的时候，各种挫折也接踵而至。从那以后，辛弃疾再也没有回过北方，而他锲而不舍追寻了一生的梦想，最终却在"却将万字平戎策，换得东家种树书"的惨淡中草草收场。

第三章

铁汉情·一代武将的单细胞忠诚

第一节　轻离别

　　成功需要才华，更需要机遇。时间的长河滚滚向前，有多少意欲挥斥方遒的人才在怀才不遇的苦境中挣扎，又有多少王朝因为用人不当而走向一败涂地，甚至万劫不复的结局。

　　对辛弃疾而言，高宗的赏识是一个不错的机遇。虽然耿京被杀的悲哀还未能完全消退，但回归南宋，崭新的战场给了辛弃疾眺望远方的希望。

　　起义军风波随着几个叛徒的人头落地谢幕后，辛弃疾被高宗派往江阴担任军中签判。这个职位与先前他在义军中担任掌书记一职相比有所提升，但在等级制度严苛的官场上，辛弃疾仍旧是个身份低微的小吏。

　　江阴处于长江下游，不及扬州等地险要，却同样是南宋长江防线上不可忽略的节点。辛弃疾对官职大小并未有太多的怨言，想到自己能继续奋斗在抗金战场上，他心绪飞扬、士气高昂。可惜，当他踌躇满志地携带朝廷的文书前往江阴任职时，这个官职的舒坦闲适却根本无法满足他的雄心壮志。

　　当年在战场上，辛弃疾终日思考的是如何用兵、如何退敌，即便是投靠耿京，成为义军中一名从九品的掌书记时，他的工作依然与前方的抗金战事息息相关。可到了江阴，他每日做的除了迎来送往的应酬，便是应付上峰发下来的公文指示，其内容与前线战争丝毫没有关系。

雄鹰不会因为牢笼的禁锢而失去展翅飞翔的愿望，野马也不会因为鞭绳的束缚而忘记在草原上奔驰的豪迈。每天，辛弃疾处理完手头上的工作总会回想自己的经历，并用文字组织成一套针对金朝军队特点的作战策略。对辛弃疾来说，琐碎的公事他应付自如，可事务性的任务并不是男儿建功立业之所在。他希望自己在金朝的阅历和在义军积累的经验能成为南宋将士们的参考，更希望自己能正式带领宋朝的军队前往前线奋勇杀敌。

可惜，偏安一隅的宋高宗并没有光复江北失地的志向，长江防线也因为皇帝的懈怠而日渐沦为贵族欣赏风光的驻地。

好在并不是所有人都安于现状，随着高宗的退位和孝宗的登基，辛弃疾的书稿在尘封箱底多时后，终于迎来了重见天日的时刻。

从严格意义上讲，孝宗与高宗并不算至亲，高宗从父亲那里继承下来的血脉是当年宋太宗赵光义的一支，而孝宗承袭的却是宋太宗的哥哥宋太祖赵匡胤的一脉。姓氏上讲二人是本家，可如同其他帝王家的分支一样，到了高宗这一代，赵匡胤的分支因为没有继承龙脉所以四散开去，很多人沦落为平民阶层，少数还在皇帝身边混迹的族亲也未曾步入政治核心。

有趣的是，历史总喜欢前后呼应。眼看太祖当年的血脉几近消亡，可高宗唯一的儿子赵旉的离世又让太祖的子孙重新继承了龙脉。

看着儿子冰冷的尸首,高宗心如死灰。朝臣娄寅亮的一席话,更让他脊背发凉。他告诉高宗,宋朝之所以会沦落到这样的境地,其实与当年太祖皇帝的龙脉未能延续有关。当年太祖为宋朝立国出生入死,其后世子孙竟没有一人能成为大宋的君主,太祖不能瞑目,因而也不再保佑大宋,以致金人猖獗,国家民不聊生。

诚然,娄寅亮这番因果轮回的迷信论调并不客观,但在神明与鬼怪论调盛行的封建社会里,高宗却深信不疑。他相信自己的儿子有轮回转世,自然也相信太祖的在天之灵与大宋朝同在。他厌倦了与女真的战争,心中更加渴望太祖的英灵能让他的天下长治久安。于是,在众大臣的举荐下,太祖的七世孙赵昚成了高宗的养子,而他正是后来以重振山河为己任的宋孝宗。

担任太子时,孝宗与高宗在对金态度上便有天壤之别。他欣赏岳飞北伐的勇气,更憎恶秦桧残害忠良的行径。他曾经将秦桧私自调用军队的行为上报皇帝,却因为抗金态度太过积极而招来高宗的不满,成为高宗首要的防范对象。

面对金人的再三挑衅,赵昚终于按捺不住胸中的激愤。他当朝请旨,希望高宗能同意他以太子的身份带兵北伐。高宗的脸色原先就有些阴郁,听到太子如此请求,他心中的不满顿时展露无遗。年轻的太子不知道自己的一腔爱国之情因何招来父亲的憎恶,下朝时,百思不得其解的他向帝师询问起来。

帝师见他旧事重提，赶忙将他拉到一边，四处张望见无人后，才轻声细语地劝他莫要冲动。他告诉赵昚：外敌当前，太子呈请领兵作战，若二人是嫡亲父子，高宗自然不由分说，鼎力支持，但血缘上的生疏却令高宗不敢当场拍板答应太子领兵作战的请求。毕竟，和来势汹汹的金人相比，高宗更惧怕的是太子拥兵自重和由此惹来的萧墙之祸。

帝师一语中的，太子恍然大悟。

羽翼未丰，欲远行而不得，太子明白高宗的忌惮，更明白他与秦桧安土重迁的默契，皇位继承人的身份来之不易，想谋求更大的战绩唯有委曲求全，伺机而动。

终于，高宗不求进取的政策在他生命的尽头走向终结，孝宗继位后也为出兵北伐找到了名正言顺的理由。秦桧的权利被剥夺，岳飞的罪名也得以昭雪，从未有过的清明局面让辛弃疾兴奋不已。

北伐的部队再次开拔，长江沿线的据点又恢复成烽火台。为了加入战争，辛弃疾前往江淮面见宣抚使张浚，并就当时的宋金局面提出了一条抗金计策。

他告诉张浚，金兵虽骁勇善战，但建制庞杂，调动困难，对接缓慢。在以往的对金战争中，宋军与金人的战斗皆为势均力敌的对抗，且常以攻占河南为首要任务，尽管各有胜负，却未能占据先机，因此也无法将金人击溃。如今，皇上欲北伐，若能抓住金人的弱点，改宋军集中出击的方式为兵分多路，于山东、江淮等地同时进攻，那么分散兵力后的金军定然无暇自顾，而宋军各个击破、收复失地的愿景定然指日可待。

辛弃疾洋洋洒洒地讲着，张浚草草了事地听着；辛弃疾满怀壮志地憧憬着，张浚却心疲意懒地漠视着。

他告诉辛弃疾，自己只是一个小官吏，如何调兵并不归自己管。辛弃疾不解其意，建议他可将此计上呈，如此便可解调兵之难。直到张浚再三推脱，辛弃疾才意识到眼前这位守军将领并不怎么在意自己献出的这条计策。

宋朝是文人治国的天下，和其他朝代不同，宋朝的武官大多是文人出身，因此在战场上容易犯纸上谈兵的错误。张浚虽然不曾掌管朝廷的百万兵马，但长年驻扎军营的经验让他对自己的作战谋略深感自信。

孝宗执意北伐，站在主战阵营里的张浚无疑是最忠诚的支持者。对他来说，若这场战争能取得胜利，他不仅可以成为朝廷的政治新星，还能同岳飞那样扬名万里，成为千古名将。可惜，就是这样一个与辛弃疾怀抱着同样志向的人还是未能听取辛弃疾的建议，没能成为辛弃疾建言献策的对象。

家住江南，又过了、清明寒食。花径里、一番风雨，一番狼藉。红粉暗随流水去，园林渐觉清阴密。算年年、落尽刺桐花，寒无力。

庭院静，空相忆。无说处，闲愁极。怕流莺乳燕，得知消息。尺素始今何处也，彩云依旧无踪迹。谩教人、羞去上层楼，平芜碧。（《满江红·暮春》）

未有彩云悬挂，眼前空无一物，献计未果的辛弃疾心情失落到了极点，即便是观赏风景，心中也溢满无尽的惆怅。在离开北方的日子里，辛弃疾眼前的景象与先前之景全然不同。南方青草依依、苍茫原野只是旧梦里的场面，小桥流水的精致没能改变他印刻在内心深处对雄浑山峦和那山下炊烟袅袅的村庄的眷恋。

年岁节日，辛弃疾按照习俗在家中添置食物，对故乡满满的眷恋常令他唏嘘不已，但河山沦丧、讨伐无门的悲伤跟与亲人之间的别离伤情比起来显得微不足道。

孝宗纵然有万丈抱负，却终要面对现实的骨感。没有作风过硬、技术过硬、能打硬仗的高素质军队，没有岳飞一般可以所向披靡的猛将。就连辛弃疾这般有志之士，却也因小人谗言而抱负难施。北伐之计，从一开始就奏响了悲情的序曲。

绍兴三十三年即公元1163年，固执己见的张浚开始了北伐的征程。按照他的部署，宋军同以往一样，集中主力攻打河南，期望通过收复北宋旧都开封，赢得战局的先机。和辛弃疾当时的建议相比，直取都城的做法看上去单刀直入，但却无法分散金兵力量，最终只能是以卵击石，以失败告终。

士气高昂地横渡长江后，张浚和李显忠的部队在一场又一场的作战中失利，孝宗苦等战绩无果，错误地放弃了陕西，让陕西战场上原本与金兵势均力敌的宋军成为待宰的羔羊，而退保川蜀不利后，宋军又重新发兵渡过淮水发动北伐，结果惨遭金军打击，不战自溃，仅剩十三万人，最终酿成"符离兵败"的惨剧。

失利的消息传来，意气风发的孝宗当场成了秦桧等议和派攻击的焦点。皇帝的斗志点亮了爱国志士的热情，同时也触动了朝廷议和派成员的核心利益。原本，孝宗想用胜利的果实巩固自己尚被质疑的皇位，谁知一场兵败却让他重新回到了艰难的处境。

议和派的落井下石让本就对战争灰心的朝臣们更加沮丧，即便孝宗依然坚持北伐的立场，但大殿内的气氛却由不得他继续下去。议和的"风气"再度抬头，一场虚有其表的"握手言和"随着秦桧的再度得势成为朝廷的当务之急。

辛弃疾心疼在战争中牺牲的将士，更心疼难得的奋战局面又被议和的风潮掩盖。他不希望南宋再次回到先前一蹶不振的形势中去，于是奋笔疾书，将自己的抗金作战经验汇总成《美芹十论》，以江阴签判的身份上呈给孝宗。

他告诉孝宗，金人并不可怕，他们虽然占领了广袤的北方且骁勇善战，但依靠民族压迫政策治理民众也使得他们外强中干，贵族趁战乱兴兵造反的事情屡见不鲜，因此对金作战时只要抓准时机，并运用良好的作战对策，宋军定然可趁破敌之机攻克金军，收复失地。

官场上位低权轻的辛弃疾并没有太多的机会面见圣上，而他前后三次敢于坚持将自己的意见上表朝廷的做法却实在令人钦佩。

官场的情势本就在于见风使舵，当议和派在朝堂上占上风时，辛弃疾的执拗是许多朝臣不可理解的愚钝行为。在他们看来，辛弃疾的坚持只是书生意气，这个乳臭未干的小儿只需再经历几次官场的摔打，那痴人说梦的习惯便会褪去。

可惜，辛弃疾不是明哲保身的党怀英，更不是临阵脱逃的义端，他的谏言虽然埋在阴暗的地下受不到阳光的照耀，但只要有一丝微光，它便能焕发出生机，长成穿破坚硬石壁的新芽。

终于，一封来自延和殿的诏书成为洒入黑暗里的这丝微光，孝宗的亲自召见让辛弃疾意想不到，而这次难得的会面也让辛弃疾驰骋沙场的抱负得以再次成为现实。

第二节　街巷间的吴侬软语

圣人曰，三十而立。当人生走过三十个春秋，伴随曾经的过往在世事的冲刷下也完成了从稚嫩到沧桑的转变。当多数人因为现实的苦闷而放弃曾经的志向时，那些为梦想坚持到底的人就变得尤为珍贵了。

南渡十年，一同归顺朝廷的兄弟似乎习惯了南方的春暖花开，曾经的义军只在"梦回吹角连营"里闪现，唯独辛弃疾看尽花开花落，终不改胸膛中跳动着的赤诚情怀。

厚实的奏表淹没在时光的尘埃里杳无音讯，辛弃疾在等待中用更加热切的情怀向孝宗表达他对作战的领悟心得。

用兵之道。形与势二。不知而一之，则沮于形、眩于势，而胜不可图，且坐受毙矣。

何谓形？小大是也。何谓势？虚实是也。土地之广，财赋之多，士马之众，此形也，非势也。形可举以示威，不可用以必胜。譬如转嵌岩于千仞之山，轰然其声，巍然其形，非不大可畏也；然而暂留木柜，未容于直，遂有能迂回而避御之，至力杀形禁，则人得跨而逾之矣。若夫势则不然：有器必可用，有用必可济。譬如注矢石于高墉之上，操纵自我，不系于人，有轶而过者，抨击中射惟意所向，此实之可虑也。自今论之：虏人虽有嵌岩可畏之形，而无矢石必可用之势；其举以示吾者，特以威而疑我也。未欲用以求胜者，固知其未必能也。（《美芹十论·审势》）

在《美芹十论·审势》一文中，辛弃疾详细地分析了金朝的局势，认为地广财多、兵强马壮是金朝长期威慑宋军的资本，但这些只是"轰然其声，巍然其形"的假象，并不是战争中真正的"可用之器"。他深知女真的统治缺陷，知道如何将外强中干的金国击溃，他渴望自己再次前往抗金前线，更希望自己的观点能成为家国复兴的契机。

孝宗对辛弃疾的谏言建议虽赞同，却又知没有付诸实践的时间与可能。张浚的兵败除了带来损兵折将的惨痛，更引发了朝廷风潮的动荡和议和势力的再次抬头。对孝宗来说，步高宗议和的后尘实属无奈，谁都知道他胸中驱除外族的决心很大，但冰冷的现实却让堂堂一国之君无能为力。

隆兴二年即公元1164年，孝宗顶着压力完成了与金朝的"隆兴和议"，以每年二十万两白银和二十万匹的绢丝的岁贡换来南北对峙的短暂平和，但却换不回大宋帝国曾经的荣耀。

这是王者的凄凉，更是王朝的悲哀。

战败后的南宋需要休养生息，也需要足够的时间为下一次的北伐积攒足够的资本。直到七年后，这只南方的雄狮才真正从伤痛中恢复过来，辛弃疾也终于迎来了他梦寐以求的一场会面。

接到朝廷传来的旨意时，辛弃疾的惊讶情绪远大于惊喜。他深知自己官位卑微，上表时，他期待的只是来自孝宗的批示与肯定，谁知这位庙堂上的君主非但不曾追究他越级上报的过错，反而亲自召他到延和宫一叙。

这位壮志难酬的帝王从未忘记过上一次的耻辱，决心摆脱高宗阴影的孝宗隐忍之余更对再次出征充满期待。在会见辛弃疾之前，孝宗曾经就南宋对金作战有过很多想法和计划，当他将值得信赖的臣子召集在一起，将自己再次北伐的想法和盘托出时，众人或闪烁其词，或争执不休，这样的反应让他感到气愤。

孝宗希望丞相蒋芾能站出来以一番慷慨陈词导引此次讨论的方向，不料蒋丞相思量许久，呈请皇上裁决的建议依然是"不战"。孝宗失望至极，一怒之下罢免了蒋芾的职位。一时间朝臣心生恐惧，都缄口不言，北伐的言论却也因此销声匿迹，直到赵雄出使金国回来，孝宗的战斗激情才又一次被他言不符实的奏报点燃。

此时的金朝正在金世宗的治理下进入了空前的繁荣时期，完颜雍在金朝内部整顿吏治并极力避免战争，这些缓和的手段对起义军来说是致命的，对女真百姓来说却是难能可贵的。

完颜雍主张回归本性，希望通过维持女真人的特性来促进自己民族的发展。一次，宋朝的使臣出访金国，使者无意间展露出的箭术竟然远远超过了当时的女真贵族。这本是一个小插曲，但完颜雍却在其中感受到了巨大的危机。他经历过大辽时代，深知曾经的草原雄鹰契丹族是如何沦落为女真的阶下囚的。

耶律氏的最后继承人是个狂热猎手，他对游猎的喜好远远超过了朝政。当金人的铁骑踏破边境时，辽国昏庸的末代皇帝还在自己的猎场考虑如何将野兽收入囊中。

强大如辽国，"人为刀俎，我为鱼肉"的下场依然在所难免，完颜雍牢记辽国的教训，从此放缓了女真族汉化的进程，并亲手缔造着女真这个民族的辉煌时代。

爱戴他的女真人民送给他"小尧舜"的称号，以此表达对他的崇敬之情，即便赵雄在金朝见到的完颜雍真如他所说的其貌不扬，但他在金国有增无减的声望已然不可忽视。

然而，急切希望证明自身价值的孝宗却在赵雄近乎荒诞的言论中为自己找到了战争的迫切性和合理性。此时的宋朝，国力已从七年前的战败中得到了复苏，尽管知道民生多艰，但对孝宗来说，祖宗的江山基业和曾经的秀丽河山更让人牵肠挂肚。于是，旨在一雪前耻的战火重新燃起，而辛弃疾也在这样的机缘巧合中意外地得到了升迁的机遇。

杭州西湖，一个美不胜收的地方，此时因为其南宋统治中心的地位更成为世人向往的地方。辛弃疾曾无数次幻想自己抵达这里的感觉，对他来说，这里虽然没有开封繁华，却是大宋王朝如今最名正言顺的都城，也是他实现理想的标地。而当他真正到达杭州，当湖上氤氲的水汽扑面而来时，辛弃疾却莫名地感到了忐忑。

与孝宗的会面令他激动不已，可是当终于面对面的时候，却为他的梦想作了终结的宣判。辛弃疾的慷慨陈词并没有得到孝宗的支持。在北伐的问题上，虽然两位迫切希望驱除外族的年轻人在想法上是一致的，但身份和地位的不同却让他们的步伐不尽相同。

当年，令金人闻风丧胆的岳飞在鄂州"戮力练兵"，高宗却在"屈己求和"的政策下，任由秦桧抛弃了大宋王朝的尊严，跪于金使面前，代替自己答应取消宋朝国号的要求。金、宋的第一次议和在宋朝的卑躬屈膝中定下耻辱的基调，直到岳飞用挺进中原的壮举收复了广袤的失地，南宋才从覆灭的边缘重新站起身来。

时隔多年，以秦桧为首的议和派已经没有了高宗时期那般强势，可是，即便岳飞九泉之下的冤屈得以昭雪，偏安一隅、骄奢淫逸的思想却早已渗入南宋朝廷。只要一天不打胜仗，贪图享乐的官吏便会以战败为由再次高举议和的白旗，孝宗的新朝改革也会因此大打折扣。

对孝宗来说，尽快展开北伐是巩固皇权最好的办法，也是彻底摆脱高宗统治阴影的最佳手段，但在辛弃疾眼中，他太着急了，而打仗并不能逞一时之勇，理当深谋远虑，步步为营。

在他看来，对金作战在胜而不在快，多年来，宋军北伐的次数也不少，胜出的比例却不尽如人意。战斗机制与战斗力固然是不可忽略的原因，主将急功近利、贸然行动的心态更是北伐失败的主因。

七年前，张浚因为急于光复开封而无视了先行攻下山东的建议，雄心壮志的讨伐大军在一场场战役的失败中渐渐失去了锋芒，如今若再步当年后尘，恐怕日后再也不能重振士气再度北伐了。面对那些血淋淋的教训，辛弃疾始终不敢忘怀，他时刻警惕着，不愿让悲剧重演。

> 我来吊古，上危楼、赢得闲愁千斛。虎踞龙蟠何处是，只有兴亡满目。柳外斜阳，水边归鸟，陇上吹乔木。片帆西去，一声谁喷霜竹。
>
> 却忆安石风流，东山岁晚，泪落哀筝曲。儿辈功名都付与，长日惟消棋局。宝镜难寻，碧云将暮，谁劝杯中绿。江头风怒，朝来波浪翻屋。（《念奴娇·登建康赏心亭呈史致道留守》）

这是辛弃疾醉前的作品，将当年赋闲江阴时无法出头的苦闷凭借吊唁古人的方式得以抒发。在自问自答中，辛弃疾用凝练的诗句描写了建康的地理环境和他居高临下所能看到的败落景象。谢安的遭遇让他感同身受，在知音难觅的悲哀境遇下，他的苦闷又有谁人能知？

而如今，这苦闷终于可以说与人听，但现实的重重困境依旧无法驱逐那阴云。二十岁时，他是驰骋沙场的年轻将领，起义军的步伐踏响了他的意气风发，也让他成为金朝边境一道耀眼的光芒，人们在感叹起义军骁勇善战的同时也对辛弃疾的年轻有为倍感钦佩。这些年浮浮沉沉，三十岁的辛弃疾在失落中渐渐懂得了厚积薄发的道理，他对驱逐金兵的态度也从原来的急于求成调整为深谋远虑。

他呈请孝宗："今日之弊，在乎言和者欲终世而讳兵，论战者欲明日而亟斗。"圣人曰，欲速则不达。符离之战虽然已过了些时日，金国却并未停下发展的步伐。金朝内部的弊端在于军队建制庞杂，调兵增援缓慢，其总体力量却远在宋军之上。大宋虽呈现繁荣富强、人民安康的局面，但武力上的薄弱却成了北伐致命的桎梏。北伐是有志之士的共同梦想，但若草率地出兵，最终导致的只能是又一次的失败和国力的再次削弱。

红墙绿瓦，宫闱深深。大殿上宫人们的呼吸声衬得大殿越发的安静。辛弃疾一口气将自己的所有见解和盘托出，孝宗坐在高位上安静地听完，久久未发一言。

辛弃疾不是官场老手，但见孝宗迟迟不开口，倒也明白自己所讲与皇帝所想并不吻合。或许，他可以做到审时度势地将心中所想朝着皇帝希望听到的方向修改，但"持论劲直，不为迎合"的辛弃疾选择的却是直言不讳。

他又一次提出了分散金朝兵力，先取山东、后图中原的战略、战术。他展开卷轴，用烂熟于胸的观点向孝宗做晓之以理的阐述。末了，他信心十足地向孝宗承诺："苟从其说而不胜，与不从其说而胜，其请就诛殛以谢天下之妄言者。"意思是，无论听从此建议失利或是未听此建议取胜，君王都可将他诛杀，以此警示天下妄言战事的人。

一番豪情壮志，体现了辛弃疾的决心，更证明了他先前游离金朝时对女真民族政治、经济习惯与做派的透彻研究。可惜，即便他如此信心满满，孝宗的想法还是同他背道而驰。

两年前，丞相蒋芾因坦言战机未到被孝宗弃用，如今旧事重提，孝宗对辛弃疾的不满可想而知。翻阅辛弃疾的奏章时，孝宗以为辛弃疾同他一样渴望立刻出兵，但交谈过后，辛弃疾"长远图之"的打算却更像一盆冷水，将孝宗胸中热切的渴望浇灭。

原本，孝宗可以将辛弃疾罢为庶民，但思量了一番，察觉身边同他一般渴望抗金的人并不多，便打消了严惩的念头，转而给他派了个闲职。

皇帝不悦的神色在辛弃疾再一次阐述完自己的观点时表露无遗，辛弃疾知道自己说服不了孝宗，内心忐忑不安。他不知如此"犯上"会招来怎样的惩罚。长久的沉默后，孝宗宣布派他去往司农寺当主簿。

辛弃疾有些疑惑，更有些为难。担任主簿一职，虽在官职上得以提升，可司农寺与北伐终究无关。若在平时，耿直的辛弃疾或许会做出推辞，但圣怒才过，辛弃疾不敢再惹事，只好俯身叩首，拜谢隆恩。

一场期待已久的会面就这样落下了帷幕，辛弃疾获得了官职的提升，准备良久的计策却并未换来孝宗的肯定。赴任之旅就此启程，心情复杂的辛弃疾穿行街巷间，轻柔的吴侬软语听上去令人心醉，只是他已没有任何心思去欣赏。因为他知道，自己的理想在现实的打击下又一次被封印。

第三节　众里寻他千百度

对很多人的印象里，辛弃疾是一个豪放派的词人，他的词风大气磅礴，充满了气壮山河的复国情怀。

诚然，生于战乱年代拥有抗金理想的辛弃疾注定与其他词人不同，他是驰骋沙场的老兵，却无法用刀剑完成理想，只好将壮志注入文字间。他的词作充满民族大义，与骁勇善战的岳飞不相上下，同时他隐藏在字里行间的浪漫主义情怀又与大唐李白极为相似。

秀骨青松不老，新词玉佩相磨。灵槎准拟泛银河，剩摘天星几个。

奠枕楼东风月，驻春亭上笙歌。留君一醉意如何？金印明年斗大。（《西江月·为范南伯寿》）

李白敢于"举杯邀明月"，辛弃疾则敢于"灵槎准拟泛银河，剩摘天星几个"。在他看来，天下似乎没有什么是不可能的，甚至连揽月摘星这样的"壮举"在他眼中都是不在话下的事情。这个满腔抱负的壮志青年，因为冰冷的现实屡屡受挫，但又在一次又一次的失败中重振旗鼓。

孝宗的提拔任命和之后的冷落对辛弃疾来说，是一场意料之外却又在情理之中的事情。他知道自己关于战争的见解与孝宗有些出入，但他心知，能够支持孝宗北伐理想的朝臣也并不多。辛弃疾依旧没有放弃那一线希望，毕竟皇帝渴望北伐，那么，他不想放弃继续给朝廷上书的机会，因为他始终相信自己的抗金志向终有一天可以实现。

司农寺主簿的职位无疑是清闲的，但辛弃疾却因此机缘巧合地有了更多的研究抗金斗争策略的机会。手指轻轻划过地图，楚河汉界一般的长江天堑将宋金两国的土地分隔开来。辛弃疾照着地图小心地查看长江沿线的每一个节点，在一一分析了它们的重要性后，最终将滁州列为双方交战的战略要地。

吴风楚韵，气贯淮扬，与金陵接壤的滁州自古便有"金陵锁钥、江淮保障"之称。过去的三十年，金人与宋人的战争连绵不断，但不论大型征伐还是小型械斗，无论金人率先南侵还是宋人首先北伐，这座看上去并不算雄伟的城市都会因为战火而备受摧残。

对于金人来说，滁州是渡江后首当其冲的攻击对象，此地未破，金兵不敢入侵，一旦顺利攻陷，则金人必定将此处作为最后的防线，即便到了战败撤离的地步，驻守滁州的金兵依然可以将其作为断后的掩护之地，为金将的全身而退创造机会。

早年在金朝的经历让辛弃疾对金兵的作战风格与作战习惯有极深的了解，金人攻取滁州的可能引起了他的高度重视。在又一次上呈给孝宗的奏章中，辛弃疾用诚恳而虔诚的语气阐明了滁州不可轻易丢失的观点，孝宗深以为然，虽然他对辛弃疾先前暂缓北伐的观点有些气愤，但北伐在即，不拘一格降人才显然比惩治言而有失更加重要。

就这样，1172年的一天，辛弃疾结束了自己在司农寺的任职，携带一纸诏书，前往兵家必争之地的滁州任知州。

这一年，辛弃疾三十二岁。指点江山的年轻锐气早已在他的眉宇间散去，直捣黄龙的迫切心情也因为岁月的沧桑化为循序渐进的淡然自若。若在十年前，辛弃疾肯定会以横刀立马给金人送去上任后的第一份厚礼，十年后的今天，辛弃疾心中却比谁都清楚，和斩敌首级相比，在滁州展开一场恢复民生的变革才是实现抗金大计的当务之急。

荒凉的城墙记录着曾经的战火，断壁残垣在夕阳的余晖下更显城市的苍凉。市衙冷落，城镇满目疮痍，民众流离失所，人们的脸上也因为频繁战乱而写满了苦痛和忧愁。

作为"父母官"，辛弃疾深切地知道自己的责任。在他看来，自己虽然初来乍到、人生地不熟，但在他刚刚拿到上任的官凭和文书时，便注定要和这里的人民肩并肩，让百姓安居乐业也将成为他生活的主旋律。

是的，他要赶在下一次北伐开始前在这片废墟上完成城市的重建，一场与时间赛跑的改革就此拉开帷幕。

在宋朝，知州收取赋税并提交国家是其官职本分中最重要的环节。历朝历代，税收的多少都是检验地方官为政能力的重要标尺，但辛弃疾却情愿用自己的前途换取百姓们的衣食无忧。连年的战乱让滁州田地荒芜，建立在农田收成上的税收自然也只能年年积欠。

刚到任时，辛弃疾做的第一件事，便是找人清算了滁州百姓租赋积欠的数量，当听到"五千八百贯"这个巨额数字时，辛弃疾当即愣住了。作为文人、武将，辛弃疾对账法自然并不精通，但即便是这样一个对账务概念模糊的人却也不难从赋税欠款的数字上体会到百姓生活的艰难。

宋朝曾经强盛的经济实力让华夏后人引以为豪，占全世界近一半的经济总量让帝国强势屹立在国际版图上，东风夜放花千树的街市繁荣更吸引了世界的目光。可惜，这种经济繁荣并没有让宋朝的百姓衣食无忧，当朝廷官员和贵族们垄断了八成的钱财，作为社会主体的布衣平民便只能在朝不保夕中祈求温饱。战乱来临时，求生的渴望让滁州百姓选择了逃离，但所剩无几的积蓄却使长途迁徙成了他们最大的奢望。他们大多只能沿途乞讨原路返回，好不容易盼到归乡的时候，沉重的赋税又让他们对未来的生活失去了希望。

看着从四面八方回来的人们，辛弃疾心中百感交集，他感谢百姓们对朝廷的信任，更感谢他们在经历血雨腥风后依然眷恋着故土。在打开城门的那一刻，辛弃疾知道不能再让他们流离失所了，而要让他们留在滁州安居乐业的首要任务便是豁免多年欠下的税款。

回到住处，辛弃疾立刻给孝宗呈上申请免除滁州税款的奏章，他主张重新计算农耕赋税，希望朝廷能将滁州百姓多年来因为战乱而耽搁的赋税一笔勾销。孝宗与朝臣们看到辛弃疾这封略带"慷他人慨"的奏折时，心中自然不甚认同。而随着对奏章的深入阅读，孝宗也渐渐明白辛弃疾提出这项举措是招抚流亡、安定民生，并为北伐作战略布局的重要手段。于孝宗而言，百姓的赋税状况虽然直接与国力息息相关，但想到即将开始的北伐，他的内心却更倾向于守住这块兵家必争之地。

思虑再三，孝宗终于同意了辛弃疾的请求。收到天子批复的辛弃疾更是激动万分，他立刻命人将朝廷免除赋税的消息张贴到城门上，随后与同僚们开始了恢复农耕各项举措的探讨。

为了让归乡的流民有土地耕种，辛弃疾提出将土地租借给百姓，并贷出钱粮给百姓作为安顿资本的建议。同僚们觉得此法可行，随即又提出了帮助百姓修建房屋，将牧畜、种粮等分发给流民，鼓励他们在滁州安家落户等措施。辛弃疾为与同僚们的心有灵犀感到高兴，他借鉴了女真的猛安谋克制，提出百姓平时农耕、闲时练兵的建议。同僚们虽然从未在宋朝内部看到这样的编制，但觉得北伐在即，此法可同时用于御敌与安民，便二话不说全力支持。

就这样，滁州城在辛弃疾的带领下，开始了战后的休养生息，在人口迅速增加的同时，经济生活与民兵战斗力也得到了前所未有的恢复与提升。

除了农耕，辛弃疾对整个滁州城的商业建设也十分上心。尽管与曾经的东京城、现今的杭州城相比，滁州的商业算不得发达，但作为与百姓生活息息相关的街市，热闹的场景也开始让这座城市恢复了生机与活力。

有了上一次的成功，辛弃疾再次向孝宗提交了就减免商贩业税额的奏章。孝宗对辛弃疾占有滁州先机的想法很是赞赏，自然也十分爽快地答应了他减免商贩税额十分之七的请求。

烈日炎炎，酷暑难耐，辛弃疾脱下身上的官袍与民工们一同烧造砖瓦，砍伐木材；北风萧萧，天寒地冻，辛弃疾身穿工匠的披风，与他们一道在乱草纵横的街道上修建起了琳琅满目的商铺与酒馆。

第二年夏麦丰收的时节里，原本荒芜一片的滁州成了繁华的小城，百姓们在辛弃疾的带领下卸下流亡时的疲惫与惆怅，等到了"众里寻他千百度"的惊喜，迎来了新一轮的太平日子。

在南宋的词人中，完美继承北宋苏轼气势恢宏兼浪漫主义气息词风的除了辛弃疾还有其他人，但真正能与苏轼相提并论的却只有辛弃疾。用今天的话讲，辛弃疾是个豪气冲天却又拥有"小资"情调的人，沙场上的他叱咤风云，而当现实世界的硝烟平息后，这个铁骨铮铮的男儿也尤其注重精神层面的享受。

滁州算不得名胜古迹，没有壁立千仞的奇观，也没有前朝留下的宏伟建筑，平素里，极目远眺的乐趣只能在丛林密布的山坡上完成，而辛弃疾在任期间为百姓构建的除了太平安乐的民生氛围，更有用于登高望远的"奠枕楼"。

征埃成阵，行客相逢，都道幻出层楼。指点檐牙高处，浪拥云浮。今年太平万里，罢长淮、千骑临秋。凭栏望，有东南佳气，西北神州。

千古怀嵩人去，应笑我、身在楚尾吴头。看取弓刀，陌上车马如流。从今赏心乐事，剩安排、酒令诗筹。华胥梦，愿年年、人似归游。（《声声慢·滁州旅次登楼作和李清宇韵》）

奠枕楼上，新架上的房梁还散发着秀木的香气，辛弃疾与好友登高望远，他们的壮志凌云借由气势磅礴的诗句抒发到了极致。

南渡后，无论是在江阴的一事无成还是面见孝宗后的再度被冷落都在辛弃疾的内心留下了很多感伤，但当他带着滁州的百姓完成了一个城市的复兴时，尽收眼底的繁华终于让他感受到了"为官一任、造福一方"的乐趣，脑海中与金人斗争的决心和意志也因此自然而然地升腾起来。

他在与好友兼妻弟范伯南庆贺生日时，写下了《西江月·为范南伯寿》一词，借以抒发自己如青松一般不老的决心和志向。

挫折虽然不堪回首，但终究给了辛弃疾锤炼的机会，让他有了厚积薄发的资本。和历史上心怀抱负却惨淡收场的文人相比，辛弃疾虽然并没有坐上庙堂上的高位，但他能再次找到成就感也是幸运的。滁州的职位和司农寺主簿相比显然拥有更多实际性的权利，百姓的爱戴让辛弃疾有了别样的责任感。或许，辛弃疾可以以此为契机，安身立命，直至终老。

但拥有鸿鹄之志的他却并未因此停滞不前。

在他看来，滁州的经历只是小试牛刀，而自己的鲲鹏之志依旧在等待着喷薄而出的机遇。他希望自己能够发挥更大的功用，其他地域的天朝子民也能同滁州百姓一样拥有更好的生活。也只有这样，大宋王朝才能在一砖一瓦的复苏中赢得击溃金兵、收复失地的权利和资本，曾经因为"靖康之耻"而丧失的北方领土才有重新回归的可能。

第四节　站在救赎的门槛上

纵观辛弃疾的一生，"有心栽花花不开，无心插柳柳成荫"的诗句可以作为他人生的一个注脚。年少时一场金国科考上的出色发挥，带给他的是深入金朝政治环境的机遇，但却违背了他抗金的初衷；年长后，代替耿京前往南宋寻找支援的使命又让他逃过了张安国犯上作乱的劫难，并让他成为义军中为数不多的南归将领；面圣后，辛弃疾本希望通过对滁州的战略分析赢得出征的机会，得到的却是与这方土地共同复苏的经历；完成滁州的建设后，他以为自己从此将蜕变为文官，不承想，一场出人意料的"茶寇作乱"又让他的军事才能有了施展的机会。

作为朝廷中为数不多的主张北伐的臣子，辛弃疾在具体战略上的意图与孝宗却不甚相合。在他看来，宋朝的复苏还未完成，想要完成击溃金军的梦想，国家与人民的积累至关重要。孝宗因为迫切希望尽快出征，没有给予辛弃疾足够的信赖，但滁州的迅速复兴却表现了而立之年的辛弃疾那卓越的政治才能。作为南宋政坛冉冉升起的新星，辛弃疾的光芒并没有因为孝宗的刻意忽视而被遮蔽。他甘于寂寞、沉稳筹划的心气赢得了江东安抚使叶衡的注意。

那时，叶衡还未成为南宋的丞相，不过，他对朝廷人才的发掘十分上心。在他看来，南宋朝廷虽然人才济济，但有勇有谋、真正能为抗金大业出谋划策的人并不多见。任江东安抚使时，叶衡对滁州的情况了如指掌，他深知这座城市的战略意义，也知道战争给这里的人民带来了什么。他不止一次地向历任滁州知州提出恢复经济、休养生息的期望，只是，真正完成这一任务的却只有辛弃疾一人。

  青山欲共高人语，联翩万马来无数。烟雨却低回，望来终不来。

  人言头上发，总向愁中白。拍手笑沙鸥，一身都是愁。（《菩萨蛮·金陵赏心亭为叶丞相赋》）

南宋孝宗乾道九年即公元1173年，叶衡因为官绩出众被孝宗任命为当朝宰相，辛弃疾以一首《菩萨蛮》对其表示祝贺，顺带将自己内心的失落做了委婉的表达。才学卓著的叶衡又怎会不知道辛弃疾的心思？终于，叶衡进京任宰辅第二年时，备受青睐的辛弃疾便受到了叶衡的推荐，并顺利地得到了第二次面圣的机会。

有道是"攘外必先安内",在金宋对峙的局面下,意气风发、踌躇满志的孝宗此时将目光锁定在了长江对岸的大金王朝。源自皇族血脉的荣光让孝宗出兵的渴望变得滚烫而炽烈,可战争永远不只出兵那么简单,后备是否充足与朝纲能否稳固才是制约一切的根本。作为宋朝重要的财政来源,茶叶的税收可谓所有赋税的重中之重。

绍兴年间,临安府茶叶税定额为每年一千三百万缗,到了乾道六年,定额的数字因为战乱四起攀升至两千四百万缗,而相应的,每一百斤茶叶出售的价格中分摊的税额也从二十万缗上升至四十万缗。起初,制定繁重茶叶税的初衷在于规范茶叶一类奢侈品的交易,但随着战争局势的发展,茶叶税渐渐成了军费开支最重要的来源。对孝宗而言,茶寇的出现不仅扰乱了本来的经济秩序,更打乱了宋军开拔的计划,对北伐的顺利开展也造成了巨大的影响。

林立的宫墙里,孝宗因为南方茶寇的屡禁不止而大发雷霆。朝堂上的大臣们虽渴望为君分忧,却因无计可施而缄口不言。沉默在大殿里蔓延,清除茶寇的皇命如同烫手山芋,无人愿接,更无人敢接。孝宗见大臣们都噤若寒蝉,原本燃烧的怒火越发不可抑制。他指责朝臣的无用,更为众人的束手无策而感到沮丧,当他正想将朝臣们统统处置时,丞相叶衡的声音适时响了起来。

对于平叛茶寇作乱的人选,叶衡其实并没有犹疑,因为从一开始他便认定辛弃疾是个不错的人选。但碍于先前孝宗对辛弃疾的不满，他自然不好过早引荐，直到孝宗因为无人可用欲将众人一同处罚时，叶衡才坚定地将这个年轻人的名字讲出来。唯有如此，孝宗才不会因为先前的政见不合而对辛弃疾有偏见，这样的时机选择或许更理性，更能顺水推舟地将此事促成。

在叶衡的言辞里，辛弃疾是个慷慨大略、志气昂扬的人，尽管孝宗对他的印象依然停留在"不肯北伐"的错误定位里，但叶衡却坚信，辛弃疾的远大见识和丰富的作战经验定然能成为克敌制胜的法宝。孝宗本就对剿灭茶寇一事满怀急切，方才生怕朝会不了了之的担忧让他异常烦闷，此刻，辛弃疾这个名字给他带来了新的希望。

于是，辛弃疾因为叶衡一次"处心积虑"的推荐成为孝宗眼中难得的人才，再次获得召见入宫也变得理所当然。和上一次见面不同，辛弃疾的这次觐见因为叶衡的存在显得游刃有余了许多，而孝宗也因为灭寇心切而对辛弃疾没有了先前的猜忌。一番畅谈，孝宗对辛弃疾灭寇的计策有了详尽的了解，辛弃疾从孝宗赞赏的目光中看到了孝宗对自己出兵剿寇的热望。

一个月后，他以江西提刑的身份离开临安城，成为朝廷剿灭茶寇的特使。临行前，叶衡邀辛弃疾前往府上一叙，辛弃疾感念叶衡的举荐之恩，二话不说便答应了他的邀请。曾经于地方为官的经历让叶衡对赋税政策与百姓民生具有独到的见解。他告诉辛弃疾茶寇扰乱朝廷赋税制度的危害性，也告诉辛弃疾朝廷茶税过重的隐患。辛弃疾为官时间不长，认知上自然不能与叶衡同日而语,但叙话间叶衡的引导却让他茅塞顿开。原本,他坚持恢复民生的理念,认为这样一场与寇匪对决的战事既有利于民生的安定,又有利于北伐的展开,然而此时他却发现,茶寇的出现并不像朝廷奏本里说的那样皆因"民风彪悍"所致。

对南宋来说,茶寇是朝廷的眼中钉,但在辛弃疾看来,这些人之所以躲到山中走私贩卖私茶,其实与朝廷沉重的赋税有关。寻根究底,茶商的生意本就是养家糊口的营生,当赋税重到无以复加之时,不堪重负的百姓只得选择强行冲破关卡贩卖私茶,这其中又多了几分悲壮的味道。辛弃疾不希望茶寇的存在影响南宋北伐的大局,他更不希望这些原本淳朴的百姓因为朝廷的苛捐杂税最终沦落到万劫不复的境地。如何能够一举两得,既平息了战乱,又处理得有人情味,这成了摆在辛弃疾面前的难题。

此时,以赖文正为首的茶寇正率领着旗下四百名兄弟在湖北起义,湖南和江西境内也因为茶寇猖獗而成为南宋政府下令整治的区域。对赖文正来说,对当地地形的熟悉是他以少胜多的关键。朝廷的军队虽然能征善战,但在崎岖不平的山路上,大规模的作战技术却无法发挥应有的功效。加上前来围剿的宋军本就不把茶寇放在眼里,在轻敌冒进的作战对策下,屡战屡败也就在所难免了。

然而,辛弃疾的出现却改变了这样的局面。当年在济南山区与金兵作战时,辛弃疾所运用的便是灵活自如的游击战策略，对他来说，攻克阵容整齐的金兵最有用的方式便是利用险要的地势瓦解敌方钢板一般的协同作战策略，而赖文正的做法恰好与他当年如出一辙，辛弃疾又怎能不知道他的作战思路与制约瓶颈呢？

通过悬重赏，辛弃疾从当地驻军和民兵武装中招募到了打击茶寇的敢死队员，这支作风剽悍的部队不但熟悉地形，还对气候与民风有着深刻的认识。辛弃疾知道大规模进攻在山地战争中的局限，便将手下的部队分成两支队伍，一支蹲守在要害地点，跟踪调查茶寇人员进出情况及武装配置情况，另一支则伪装进攻，以搜查、追击的办法虚张声势，逼迫茶寇出击后与驻军守卫前后呼应，最终将其拦截并一举歼灭。

赖文正在军事上造诣并不高，他凭借熟悉地形的优势便轻视宋军。在他看来，宋军不懂什么战术，只懂全面进攻，因此当伪装进攻的军队将他逼出驻地时，他还满怀信心地认为自己一定能从后山的小路上成功逃离。谁知，还没跑出大山，赖文正等人便遭遇了宋军的攻击，仓皇逃跑时，赖文正放弃了自己熟悉的根据地，带着兄弟们转而向广东境内撤退。谁知又遇上了宋军的拦截，被打了个措手不及。

临行前，叶衡的那番话犹在耳边，看着威风一时的茶寇势力在自己有守有攻、有虚有实的军事部署下逐渐萎缩，辛弃疾本着宽容之心，派人前往茶寇队伍中招降，为赖文正等人创造救赎的机会。原本，占山为王的赖文正对南宋朝廷充满鄙夷，此时见大势已去，走投无路的他思量再三终于放弃了顽抗。

关于赖文正和茶寇的下落,虽然有史料曾提及,最终的结果却因为两相矛盾的结论而成为历史谜题。有人说,赖文正最后被辛弃疾就地正法,又有人说,赖文正其实并没有死,上交朝廷的只是一个替身的首级而已。

在没有定论的争论里,与辛弃疾暴力地将匪寇斩于马下之说比,人们似乎更愿意相信救赎的版本。在之后的日子里,辛弃疾与他们并没有交集,在他们的人生轨迹中,这段往事也注定只会在各自的梦里闪现。然而,无论结局如何,人们不会忘记的是曾经的山坳里,那场既无血流成河又无人头落地的"剿寇"行动。

明月别枝惊鹊,清风半夜鸣蝉。稻花香里说丰年,听取蛙声一片。

七八个星天外,两三点雨山前。旧时茅店社林边,路转溪头忽见。(《西江月·夜行黄沙道中》)

这是辛弃疾贬官闲居江西时的作品,着意描写黄沙岭的夜景,这首词从视觉、听觉和嗅觉三方面抒写了夏夜的山村风光,动静结合,形象逼真。闻着稻香,听着蝉鸣,如此动人的夏夜丰收图怎不叫人心生喜悦之情?辛弃疾忘记了朝堂上的纷争,脑海中猛然记起的是那三两个"茶寇"的模样。他们的家人是否还好?今年的收成又是否能助他们躲过饥荒?天外的星忽明忽暗,零零散散的雨滴将这不经意的思绪滴落成点点文字。辛弃疾继续赶路,曾经在江西"作乱"的茶寇后人们则继续在自己的人生轨道上前行。

第四章

北伐梦·天下英雄谁敌手

第一节　辛家"飞虎军"

年轻人，齿少气锐，一生才刚刚开始，当立初心。这初心既有覆海移山的宏大，也有简简单单的平凡。平凡诚可贵，欲求宏大则注定要刀山火海拼一生。有的人带着宏愿出发，面对残酷的现实，渐渐消磨了初心，迷失了自我，这也无可厚非。有的人，带着宏愿一脚就踏入了云端，而后又坠入深渊，虽浮浮沉沉，却始终抱着初心将生命置于起点时的虔诚与认真之中。

辛弃疾自然属于后者。

剿灭茶寇的行动给辛弃疾带来了前所未有的荣耀，尽管这场行动与抗金相比显得有些微不足道，但不可否认的是，辛弃疾凭借这场战役改变了自己在孝宗心目中的印象，也因此成为南宋朝廷的政治新星。

在湖南结束了茶寇清剿的任务后，辛弃疾被朝廷召回临安担任大理寺少卿，负责管理上报的刑狱安监的审理与核实。这样的职位级别并不低，不过，一心向往战场的辛弃疾却觉得它没有多少吸引力。

辛弃疾在堆积如山的卷宗之中完成长篇累牍的报告，心中的烦闷也在一卷卷案卷中与日俱增。此时的辛弃疾虽然无法施展军事才华，但孝宗对自己的改观与朝廷一心北复中原的氛围与他内心的渴望还算契合,因此他还抱有上阵杀敌的渴望。不曾想,两年后,一场关于宰相的人事任免竟出乎意料地将他变成为首当其冲的"驱逐对象"。

作为孝宗的老师,史浩曾一度被年轻的皇帝视作北伐的阻碍而遭冷落,置之不理。那时,孝宗一心期盼北伐,将金朝完全不放在眼里的张浚无疑成了最受皇帝喜爱的臣子。然而"隆兴北伐"后,年过古稀的史浩忽然被孝宗任命为当朝宰相。这种任命究竟出于何种原因,史学家们争论不休。有人说是因为孝宗的"迷途知返",有人说是皇帝对老师的最后补偿,但不论什么原因,史浩的上台都对辛弃疾这群"北伐志士"造成了极大的影响。

对史浩来说,孝宗不仅是王朝的主人,更是他一手调教出来的学生。在他看来,孝宗并非好战之徒,他掌权后不停发动北伐的野心也是因为"北人"的唆使,而这里的"北人"指的正是像辛弃疾这样的来自辽阔北方的宋人。

落日塞尘起,胡骑猎清秋。汉家组练十万,列舰耸层楼。谁道投鞭飞渡,忆昔鸣髇血污,风雨佛狸愁。季子正年少,匹马黑貂裘。

今老矣,搔白首,过扬州。倦游欲去江上,手种橘千头。二客东南名胜,万卷诗书事业,尝试与君谋。莫射南山虎,直觅富民侯。(《水调歌头·舟次扬州和人韵》)。

淳熙六年即公元1179年春,辛弃疾接到孝宗的一封委任诏书，成为湖北转运副使。路过扬州时，他想起当年挥斥方遒以及完颜亮南侵的往事，不禁感慨。

年少时，辛弃疾满心都是对故土的眷恋，滚烫而热切的血液流淌全身。那时，他的世界里只有宋人与金人之间的争斗，不曾想南渡为朝廷效力后才发现，原来他这一腔热忱要斗争的对象不单只是敌人，还有本应同仇敌忾的朝臣。长枪利剑的争斗或许还能靠矫健的身手去迎战，可那些隐藏在黑暗中的蝇营狗苟之举却实难招架。

人心叵测，天道难预，将心向明月的期盼换来的却是照沟渠的冷漠与无视。好在，如此打击并没有使辛弃疾沉沦不振。热血未曾冷却，怒火从未熄灭，不多时，湖南地区的又一场叛乱竟意外地让辛弃疾重新回到了战场。

对辛弃疾来说，湖南发生暴乱其实并不算新鲜，因为早在他任江阴签判的时候，好友就常跟他提及湖南发生的事情。十几年前，南宋政府强制派销乳香，在限期急促的情况下，郴州宜章以县吏黄谷和射士李金为首的上万峒民与政府军周旋了许久，后来，起事于湖北的茶商军也到湖南掀起反抗的浪潮。淳熙五年即公元1177年至淳熙六年即1178年间，湖南又发生了以连州李晞和郴州陈子明为首的暴动，连绵的战火让官府不知所措，也让辛弃疾有了施展拳脚的舞台。

当年对抗茶寇时，辛弃疾已经洞悉了游击战的特点，加上他原本在抗金斗争时就拥有丰富的游击战经验，因此才得以迅速完成剿灭茶寇的任务。凭借多次打击贼患的经验，以及他所管辖的湖南境内特殊的地理位置，辛弃疾向朝廷上交了申请建立军队的奏折。

在时任宰相的周必大及辛弃疾好友朱熹的"帮助"下，孝宗皇帝同意了辛弃疾组建军队的计划与行动。他选择在五代马殷的长沙营垒故地建造新的营房，并限期一个月内完成。在修造营栅的时候，适逢秋雨连绵，所需的二十万片瓦无法烧制。士兵哭丧着脸前来报告，辛弃疾剑眉紧蹙，思考良久方展开眉头。他命全城居民每家供送瓦片，凡两日内送足瓦片二十者皆可得钱百文。令既出，城内送瓦者络绎不绝，建造营栅所需瓦片在规定的时间内如数凑齐。

随后，辛弃疾继续用类似的方法群策群力，凑齐了铺砌道路需要的大量石块。他下令调集全城在押囚犯，到长沙城北的驼嘴山开采，并根据各人开采的数量作为减刑的依据。规定一出，囚犯们个个争先恐后，所需石块也如期备齐。

除了建造营房，辛弃疾还不忘招兵买马，扩充军队的实力。他采用了罗致四方的办法，从部队中广泛选拔精英，也不断物色优秀的将帅，一时间各方人才云集长沙，众人敬慕辛弃疾之名，以在他麾下效劳为傲。数十日后，长沙城"飞虎军"的旗帜迎风招展。拥有步兵两千、骑兵五百的勇武之师就此诞生。飞虎军在辛弃疾的严格训练下，以严守军纪为荣，以扰民作乱为耻，一段忠君爱国的传奇就这样徐徐铺展开来。

当然，寥寥百字的段落并不能完全概括辛弃疾建军期间的全部艰辛，即便军队建立颇具声势，但来自枢密院的干涉和孝宗的将信将疑还是给辛弃疾造成不小的阻挠。幸好，辛弃疾是个倔强的男儿，越是困难重重，他内心想实现目的的渴望就越强烈。"时枢府有不乐之者，数阻挠之，弃疾行愈力，卒不能夺。"数额巨大的军费，辛弃疾独自一人筹措；在枢密院弹劾他"聚敛民财"的"罪证"和停止建设军队的"金牌"面前，辛弃疾用他自己的方式巧妙躲闪。

《宋史》记载："弃疾受而藏之，出责监办者，期一月飞虎营栅成，违坐军制。如期落成，开陈本末，绘图缴进，上遂释然。"无奈接受令牌后，辛弃疾并没有立即执行，相反，他将金牌"受而藏之"，并限令工人在一个月之内必须完成营房的建设，如有违反军法处置。在他的强压下，"飞虎军"军营如期竣工，辛弃疾看着拔地而起的营房，欣喜之余，不忘详细地向孝宗阐明建军的过程，并将军营布局画成草图，一并上呈。孝宗看了辛弃疾的报告和军营图后，方才打消了心中的疑虑。辛弃疾的军队也因为这个巧妙的"时间差"完成了最终的建制。

"战马铁甲皆备，官兵皆敢勇之士"，飞虎军在辛弃疾的带领下，士气旺盛、英勇善战，气壮山河的气概连主帅辛弃疾"壮岁旌旗拥万夫"的诗句也难全然描绘出来。在金人看来，他们就像归山的兽王，一声怒吼便可威震山林，而"虎儿军"的称谓更体现了那段时间里金人对其谈之色变的畏惧心理。

这一年里，辛弃疾卓越的才华不仅体现在他详细剖析湖南对于安定两广地区的地理优势上，还体现在他设军建制、整顿军务，改变原先地方军队消极待命及长距离调配军队的资源浪费上。如同当年在金朝治下的济南山区一般，辛弃疾以多年树立的个人威望，有效地管理创立了一支属于自己的军队，并随着斗争的深入逐渐成为南宋朝廷平定湖南叛贼的重要势力。

然而，在权力的棋盘上，皇帝与朝臣不可能容忍这支队伍的存在。对于孝宗来说，这支军队的势力是他所畏惧的；对于当朝宰辅与高官来说，正义之师深得民心也让他们惶惶不安。

作为辛弃疾的好友，朱熹虽然与他志趣相投，但此时心中也有了另一番考量。叶衡因为朝局的动荡从丞相一下成了平民，辛弃疾的地位岌岌可危，但最终因为继任宰相朱熹是自己的好友而免受牵连。然而，正是这个极力鼓励自己建立"辛家军"的好友，却在不久后，成了反抗辛弃疾旗下武装力量的第一人。

当"虎儿军"的威名传至临安，在世人道听途说、添油加醋的描绘下，辛弃疾成了朝臣们仇视的对象。辛弃疾"飞虎军"的存在便是他们最大的口实，在处心积虑的人看来，这群壮志男儿效仿的是"杨家将"之风和"岳家军"之威，而这个年纪轻轻的将帅，更是对赵氏家族最大的威胁。

起初，孝宗对辛弃疾的信任并未动摇，而当叶衡因为政治争斗而解甲归田时，皇帝也难以高枕无忧了。南方的叛乱令他心忧，他需要的只是一支保民安康的"纪律军"，任何功名显赫、深受百姓拥戴的"战斗兵"都会成为他忌惮的对象。

正当辛弃疾带领"飞虎军"在湖南如火如荼地开展斗争

时，孝宗的调令从京城通过快马传递过来。在毫无准备的情况下，辛弃疾于1184年调任隆兴知府，虽然兼着江南西路安抚使的职位，却已不是带领军队驰骋沙场的武官职位。

东去的路程遥远而苍茫，辛弃疾心知要赶紧上路，但看着这支亲手建立的军队，不由得有些依依不舍。他牵挂军中将士的前程，更为飞虎军的未来担忧，他希望带着心爱的部将一同到另一处建功立业，但这又何尝不是一种奢望呢？

他嘱咐军士，一定要将军队的防务做好，即便他不再担任主帅，平日里的操练与武习也不得耽搁，毕竟北方的金朝依然虎视眈眈，中原的内乱也随时可能会再度爆发。想到这些内忧外患，辛弃疾更加烦闷。

辛弃疾交代完一切，无奈地离开了这块他奋斗和生活过的土地。也就在这个时候，一场蓄谋已久的变革迫不及待地开始了。朱熹与他一同见证了"虎儿军"的兴起与繁荣，可当他感知到皇帝对这支军队的忌惮时，好友曾经的赞许自然而然地化成过往云烟。曾几何时，台下的士兵们看着朱熹与辛弃疾一同站在点将台上挥斥方遒、指点江山，如今，独自站在台上的朱熹却以纪律松散为名，将"虎儿军"彻底解散。

解散后的兵士如何安排，历史没有明确的记载，或许他们分散到其他将帅的军中，或许他们解甲归田，成为田间地头劳作的农民，然而，无论是何种结局，那股蓄势待发的力量终究还是在南宋皇帝的猜忌中白白断送了。

第二节　庄园里的稼轩居士

如果要用一句话概括宋高宗与宋孝宗两代政权的不同，那便是：前者有恢复之臣，无恢复之君；后者有恢复之君，却无恢复之臣。

岳飞的能力是毋庸置疑的，尽管最终未能如愿直捣黄龙，他所率领的岳家军却以铮铮铁骨与丰富的作战经验依然是金人惧怕的对象。岳飞的冤案令人唏嘘，百姓怀抱着对忠良的惋惜被迫向另一个朝廷称臣，高宗却在短暂的安宁里得到了偏安一隅的逍遥。

好在孝宗登基不久，岳飞的沉冤昭雪给宋人带来了光复的希望，也让金人感受到久违的危机。北伐的进程在一次次的失败中艰难推进，但战场上振臂高呼的"还我河山"和朝堂上弥漫的"光复基业"的氛围让这个国家攥紧了最后一点希望。

可惜，帝王心思并不总能如愿。即便孝宗有雄心壮志，与完颜雍同处一个时代的他依然难逃失意的宿命。"小尧舜"推行休养生息，让金朝的经济实力得到了前所未有的提升，宋人的屡次进攻在兵强马壮的金人面前收效甚微，辛弃疾多年来笃定的信念也在一次又一次的失败中变为遥不可及的梦想。

南归十八年，辛弃疾从原来的青春男儿变成了不惑壮年，初时的激昂情绪也因为职位上多达十六次的频繁调动而日趋平静。每一次建功立业的时候，来自上层的调令总会让一切戛然而止，抱负未曾伸展，长剑被迫收鞘，那份委屈与无奈几乎成了辛弃疾这么多年来的心情主题。和叶衡十年内便从知县晋升为宰相的坦荡仕途不同，辛弃疾始终在原地徘徊，即便他出色地完成了孝宗交给他的所有任务，这个来自金朝的归降者依然无法跨上梦寐以求的战马，无法跨过黄河与不可一世的金兵一决雌雄。

"青衫匹马万人呼，幕府当年急急符。愧我明珠成薏苡，负君赤手缚於菟。"（《送湖南部曲》）东汉时，权倾一时的马援从远方带来的那一车薏苡在众人的误解下成了珍珠的代名词，马援死后，这批被误解的物件更是成为光武帝责罚他大不敬的理由。马援的不可一世和不屑去解释而招致他人的诬陷是一种悲哀，辛弃疾怀抱明珠却被别人当成不值一文的薏苡，他们的境遇其实是同一种悲哀。

在任湖南评判的时候，辛弃疾不止一次地指出"匪患"的根源在于"官逼民反"。这个观点虽然切中要害，却异常刺耳，别说孝宗，便是满朝文武也无人愿意支持这种充满自谴味道的言论。然而，辛弃疾却执拗地抛开所有杂念，将自己的政治抱负与施政理想用文字和奏章呈现给孝宗。

后来，孝宗对辛弃疾的印象虽有所改变却远远达不到信任的程度。他蘸着朱砂，用简单的批复表达了自己希望看到实际效果的意思。辛弃疾不懂得趋利避害，更不懂弦外之音，当他发现孝宗对自己的想法还有些许期待的时候，内心渴望作出回应的意识让他毫不犹豫地接受了出京往湘的旨意。即便这道旨意带着明显的排挤之意，即便好友朱熹审时度势站到了自己的对立面，辛弃疾却依然没有察觉。

"弭盗之术"在湖南的推行无疑是成功的，它不但实现了民生由衰竭到繁荣的过渡，更克制了豪强与贪官，实现了从根源上"弭盗"的目的。如果说在京城时，横槊事功的理想还模糊不清，那么，看着营帐外血气方刚的男儿们用豪迈的气势将刀枪刺向长空时，辛弃疾领兵作战的愿望渐渐有了明晰的轮廓。

汉中开汉业，问此地，是耶非？想剑指三秦，君王得意，一战东归。追亡事，今不见，但山川满目泪沾衣。落日胡尘未断，西风塞马空肥。

一编书是帝王师，小试去征西。更草草离筵，匆匆去路，愁满旌旗。君思我，回首处，正江涵秋影雁初飞。安得车轮四角，不堪带减腰围。（《木兰花慢·席上送张仲固帅兴元》）

好友张坚前往兴元府这一兵家必争之地就任时，辛弃疾的依依不舍藏在"草草离筵，匆匆去路"中，但起笔时，辛弃疾"剑指三秦，君王得意，一战东归"的豪情壮志却显露了他的雄心勃勃。

当年，汉高祖刘邦便是在兴元一带开启了汉朝的基业，秦国驻守关中的章邯、司马欣和董翳相继溃败后，刘邦开始所向披靡。往事悠悠，即便韩信在世，朝局文恬武嬉、萎靡不振的局面依然无法改变。辛弃疾是多么希望孝宗能带领南宋臣民回归河洛，可怜时光流转，物是人非，即便孝宗拥有同刘邦一样的志向与抱负，也终究难以从今非昔比的时局中脱困而出。悲伤无法消泯，结果只能是自己的形容憔悴和"带减腰围"了。

和大唐与汉代相比，宋朝从来没有彻底抵制住外族对自己的觊觎。从辽、宋、夏的三足鼎立，到金朝占领辽国七十六城，与战乱始终相伴的是疆土的变迁与民不聊生的境况。原本，宋人以为辽国的契丹族是最大的隐患，谁知多年后，曾经弱小的金国却成了征服辽与北宋的最后赢家。

吞并了辽国的金朝开始了它在北方大地上的肆意横行，即便心有不甘的契丹人同汉人的义军一样奋起反抗来挽回丧失的民族尊严，仍旧没能阻止金朝的称霸之路。虽然多年后，成吉思汗成为称霸亚欧大陆的大国之主，金朝也被强大的蒙古军队击溃，消失在滚滚的历史长河中。但此刻，草原上以彪悍著称的蒙古人却不得不向完颜雍俯首称臣，此时仅为一族部落首领的铁木真和他的兄弟们更需要在金朝的庇护和分封中勉强自保。

金国的日益强盛让羸弱的南宋维持着苟延残喘的状态。岳飞的战绩再也无人能及，朝内的一蹶不振更不是一两道圣旨便能彻底改变的。政治势力互相较劲，群臣百官的交替轮换更是应接不暇。蒋芾的从长计议被张浚犁庭扫穴的妄想取代，叶衡的力主抗金被史浩的安于现状埋没。孝宗勤力地维护自己的朝堂，却从未料到这样的颠来倒去最终导致的是朝堂的纷乱不堪和热血的慢慢冷却。休养生息、恢复民生成为庙堂大臣们的主流思想，孝宗极力主张北伐的最后结局却是连起用主战派的勇气都消失殆尽。

论起来，辛弃疾的政治头脑并不出众，他的刚正不阿无法取悦皇帝，即便他尽全力证明自己的赤诚与能力，孝宗对他的信任在他人的蛊惑下依然不堪一击。

信任一词向来价值千金。诸葛亮因为刘备的托孤而鞠躬尽瘁、死而后已；周幽王烽火戏诸侯的下场是国家的分崩离析和自己的身首异处。不论是一统天下的君王，还是一贫如洗的百姓；无论是吟诗作赋的书生，还是御马挥剑的壮士，任何一份嘱托与信赖都是值得赴汤蹈火的理由。而当这些信任不复存在时，所谓宏愿与志向都会因为心理上的失落而消磨殆尽，只剩残念摇摇欲坠。

在金朝边境的起义军里，辛弃疾因为耿京的信任主动请缨成为跋山涉水前往南宋求援的使者，面对丞相叶衡和孝宗的信赖，辛弃疾更是使出浑身解数，以毕生才学换来民生安定、将帅和谐。但最终孝宗却听信小人谗言，将辛弃疾所有的职权一概收回。孝宗的这一举措带给辛弃疾的除了悲哀与气愤，更多的是难以言表的绝望。

作为中国文人传承千年的思想，儒、道之间并没有太过明显的高下之分，儒家的积极入世和道家的超凡脱俗的是两种不同的境界。深得儒家文化精髓的辛弃疾自然知道建功立业的重要性，不过，入世带来的伤口终究还是要用出世的淡泊来治愈。

生命永远是脆弱的，尤其是在"烽火连三月"的年代里，若能收到一封千里而来的家书更是抵得万金的人间幸事。为了抗金，辛弃疾已经太久没有将自己置身于宁静中了，当他卸下盔甲，重新走进自己的"稼轩"院时，那种长期抑制住的求得安定的渴望竟一发不可收拾地泛滥开来。仿佛无师自通的顿悟一般，神清气爽的瞬间辛弃疾感受到了久违的平和与安详，刀光剑影、人事纷争的凌乱在如此景致的陪衬下失去原本的意义，变成令人厌恶的灰白色，沉重而乏味。

"人生在勤，当以力田为先。"在《宋史·辛弃疾传》中，辛弃疾"稼轩居士"名头的由来简单而清晰，从这份期盼宁静、归园田居的心情中我们不难看出辛弃疾被罢官后，道家思想对他的影响和指引。只是，一个人的性情很难轻易更改，即便辛弃疾有了一时的放松，深埋在他心中的光复失地的理想依旧会在深夜时分复苏，提醒着他的灵魂。

在他伸出双手想要拥抱这宁静时，年少时的志向与早已融入热血的渴望却不由分说地冲进他的胸膛，那些潇洒离开的许诺也在顷刻间消散开去。

"臣孤危一身久矣，荷陛下保全，事有可为，杀身不顾。"在《论盗贼劄子》折文中，辛弃疾用誓言向孝宗表明了自己的决心。他告诉皇帝，自己早年一直处于孤立危险的境地，全靠圣主的保全才得以有所作为，为了报答这份恩情，他愿意舍生取义，在所不辞。可惜，孝宗并没有被这样的话语所打动。面对朝臣的集体排斥，孝宗最终选择的还是舍卒保车。

湖畔的新居即将落成，辛弃疾喜忧参半地踱步到岸边，平静无波的湖面上倒映着辛弃疾安静站立的身影，却照不出他胸中的波澜起伏。

三径初成，鹤怨猿惊，稼轩未来。甚云山自许，平生意气，衣冠人笑，抵死尘埃。意倦须还，身闲贵早，岂为莼羹鲈鲙哉。秋江上，看惊弦雁避，骇浪船回。

东冈更葺茅斋。好都把轩窗临水开。要小舟行钓，先应种柳，疏篱护竹，莫碍观梅。秋菊堪餐，春兰可佩，留待先生手自栽。沉吟久，怕君恩未许，此意徘徊。（《沁园春·带湖新居将成》）

诗句里，辛弃疾假借鹤与猿的口吻对自己贪恋官场的心境做了劝骂，渴望出将入相的辛弃疾与另一个渴望淡泊宁静的辛弃疾在你来我往、针锋相对地论辩，试图说服彼此。归隐的生活固然诱人，放下曾经的宏愿壮志却也没那么容易。

"沉吟久，怕君恩未许，此意徘徊。"皇帝罢免自己的旨意无人能改，在自我安慰的世界里，辛弃疾只好再一次自欺欺人。他告诉自己，用归隐的方式改变眼前的尴尬处境未尝不可，但他又觉得圣上未必真心同意他这样做。这样的犹豫并没有多大的价值，但对辛弃疾来说，这的确是他隐晦表达自己对君王的期待的最适当的方式。

然而，不久后，一场来自京城的剧变却让辛弃疾最后的幻想全然破灭，这个沉浸在自己梦里的文人，也终于明白了现实的残酷和"稼轩居士"真正存在的意义。

第三节　风暴即将来临

南迁的日子不知不觉地过了二十年。辛弃疾知道自己无法成为朝廷的核心、皇帝的心腹，但在等待的日子里，他从未彻底死心，隐隐觉得还能为大宋朝廷尽一己之力，因此，他时刻告诉自己要容忍眼前这一切。

对辛弃疾来说，朝廷上道不同不相为谋者并不在少数，在近乎平行的人生轨迹里，辛弃疾不屑与他们争论，也不担忧自己的言行会招致他们怎样的非议。可是，树欲静而风不止，就在辛弃疾决心沿着自己孤独的轨迹继续前行时，一场意想不到的弹劾风波将他推到政治漩涡的中心。

淳熙八年即公元1181年，辛弃疾接受了朝廷的指派由江西安抚使调任浙江担任浙西提刑。多年来在各地的奔波让辛弃疾对这一番调令习以为常，在他看来，如此安排只不过是地点的变迁，于官职与任职上的活计并没有太大的区别。但就是这样一封普通的调令却在言官王蔺的口中演变成了一桩公案。

《宋史·辛弃疾传》中对辛弃疾的这桩"以言者而落"的事件有明确的记载。"言者"即言官，用现代文解释便是弹劾者的意思。引用《宋会要辑稿·黜降》的记载，王蔺弹劾辛弃疾时举报的罪名是"奸贪凶暴"，更具体的罪行则是在湖南执政期间"虐害田里"。

我们不知道王蔺是从何时起与辛弃疾成为不相为谋的人，历史也并未对这段过往有太多的描述，但王蔺留下的文字记载却可以用浩瀚如海的史料一一比对，逐项驳斥。

在文献记载中，王蔺提交到孝宗手上的奏章不止一份，这些奏章陈词虽慷慨激昂、义愤填膺，最核心的内容则是辛弃疾"肆厥贪求，指公财为囊橐；敢于诛艾，视赤子犹草菅。凭陵上司，缔结同类。愤形中外之士，怨积江湖之民。"（《辛弃疾落职罢新任制》）

那么，辛弃疾是否真的如上面所说的，是一个贪婪又嗜杀的人呢？尘封在历史中的答案等待我们的解读。

在湖南的时候，辛弃疾的"飞虎军"在当地有十分显赫的名声。这个名声除了因为这支军队本身纪律严明，更是因为其对敌寇的有力打击。客观地讲，这支军队建立后对湖南境内的盗贼采取的逮住就杀、不加审理的铁腕作风多少令人望而生畏，孝宗在表扬辛弃疾"捕寇有方"的时候，也对他的做法提出了"不无过当"的批评与指正。

这样的建议无可厚非，辛弃疾也虚心接受，此后孝宗并没有再就辛弃疾处置敌人失当的事情做出处罚。而辛弃疾之后在湖南发展民生的做法及取得的成绩也渐渐跟先前所犯的过失相抵。

在"以惠养元元为意"这一施政理念的指引下，辛弃疾带领着湖南的普通老百姓开始了一场复苏经济的运动。他赈灾救荒、兴修水利、加强乡邻管理，更对当地的豪强进行了打击和限制。一时间，百姓们忘记了身在战乱中的焦虑，只一心一意地恢复生产。仅农田税收一项，便达到了北伐前的水平，各式商铺、街市的兴起，更让湖南地区的经济有了繁荣的迹象。据统计，辛弃疾前往湖南剿匪前，当地的匪患为全国之首，但在辛弃疾任职期间，湖南却再也没有发生过农民起义的事件，那些祸害无穷的匪徒也再没成为朝廷的隐患。

对辛弃疾来说，抗金复国永远是放在第一位的头等大事。当年，辛弃疾被高宗派到江阴做签判，这是一份闲职，他在闲来无事登高望远时，借一首《念奴娇》将内心深处渴望重回沙场的理想全盘表露出来。而当他真正拥有自己的军队并能实实在在为抗金战争尽力时，他又怎么可能改变初衷，将备战的资源占为己有，或是滥杀无辜，引来内患呢？

从这个层面上看，辛弃疾显然不会拿民生开玩笑，若真像呈表上写的辛弃疾草菅人命、滥杀无辜，那么不要说出兵的钱粮难以筹集，就是征兵打仗，队伍里的人数也难以凑齐。如此得不偿失之事，向来有勇有谋的辛弃疾又怎会计算不清呢？

诚然，辛弃疾的治理方式确实有些严酷，但针对的也只是落草为寇的悍匪罢了。连年的叛乱搅乱了朝廷的税收政策，更让百姓们对安宁的生活失去了希望。为了给百姓营造良好的生存空间与宁静的生活氛围，辛弃疾不得不将犯上作乱者予以严惩，唯有如此，才能杀一儆百，才能震慑所辖境内的匪徒，进而敦促他们改邪归正。从这个角度讲，辛弃疾的铁血风格也算是在特殊背景下一种惩恶扬善的手段。

伴随着飞虎军的建立，辛弃疾除了暴戾的罪名外，另一个"铁证如山"的罪行则是在兴建军队期间"贪污受贿"，而其直接的证明正是那座建立在湖边的"稼轩"别墅。

据洪迈《稼轩记》的记载，这座辛弃疾在湖南为官期间便开始建造的别墅及附近所属田土的面积共有一百七十多亩，内部的装潢也十分别致、典雅。当年，朱熹还未与辛弃疾分道扬镳时，曾多次到这里做客，他在撰文记录日常生活与生平感悟时，也曾对这座建筑有所描述。尽管着墨不多，但文中流露出的赞叹之词却给了人们遐想的空间。

听上去，建军期间辛弃疾一面忙着军务，一面修建自己"豪宅"确有"中饱私囊"的嫌疑，不过，只要将这样的故事与宋朝官吏政策稍加比对，这座临湖的宅子是否位列"豪宅"便一目了然了。

和中国历史上其他统一王朝相比，宋朝绝对称得上文人的理想天堂。除了庞大的经济储备，宋朝以文治天下的理念也给书生们带来了前所未有的发展机会和可观的俸禄。据史料记载，宋朝的官吏数量最多的时候比汉朝多四倍，比清朝也多了三倍。如此庞杂的官僚团队，每年消耗了国库近一半的收入，分摊到官员身上的俸禄待遇也是历代中最高的。

人们以"三年清知府，十万雪花银"对清代贪官污吏做出谴责，折合成现今的货币，清中期贪污腐朽之徒三年的"灰色"收入数额约为现在的二百万元，但宋朝，普通的县级官吏每年的薪资为现在的一百三十万，而身为当朝一品官员的宰相或是枢密使，其合法俸禄更达到了每年一千五百万元，就连向来以清廉著称的龙图阁学士、尚书省右司郎中、权知开封府事的包拯,他的合法薪资也是这个等级。

宋朝丰厚的经济实力,为"高薪养廉"提供了良好的基础,官员们不为衣食而忧,自然也没有了铤而走险的必要。辛弃疾的官职与薪资达不到包拯的水平,但在一片普通的湖边修建一套自己居住的别墅还是可以做到的。

前往湖北前,关于辛弃疾的弹劾言论有了定论,原本附加在他身上的众多荣誉与称号被剥夺。好在孝宗也知道王蔺的言辞常有失偏颇,因此给予"落职"处罚后,他便不再追究,在沉默中将这段不愉快的过往抛之脑后,而辛弃疾新一轮的赴任也因了这层缘故照常启动。

"落职"并非"撤职",辛弃疾对诏书上剥夺自己名号的处罚并不在意,仍处同一层官阶的他因这次事件对王蔺及朝堂上的其他弹劾者嗤之以鼻,他身正不惧邪的自信也让他对这些人持以不屑一顾的漠视态度。他自傲于自己的正义,对朝堂上大发厥词的言官们更是不以为然。但在王蔺和满朝文武的众口一词中,孝宗的立场还是不可避免地动摇了。

自古,言官就以直言不讳而成为历史长河中最重要的记录者。他们以刚正不阿与耿直敢言而成为皇帝的良佐,也是王朝的至幸之事。只是,言官的参本中也难免有良莠不齐之论。

在朝廷里,辛弃疾绝对算得上特立独行的"异类",他不善于奉承,也不懂得阿谀拍马,他是唯一来自大金腹地的归降者,也是唯一从起义军中崛起的官员。茫茫草原培养了辛弃疾勇猛的武艺和辽阔的胸襟,但也让自由、率真的辛弃疾难以在这波涌诡谲的官场立足。在满朝文人眼中，辛弃疾是一匹难以驯服的草原野马，对孝宗来说，辛弃疾的倔强不羁更是难以驾驭。

刚上任时，孝宗还对北伐充满热情，激情澎湃的他需要这样有勇有谋、敢打敢拼的臣下做自己的左膀右臂，但当他北伐的锐气在众人的阻挠中慢慢消散时，类似朱熹一样"软熟易制"的人便成为孝宗完善自己统治秩序的首选。

朱熹明白这一点，辛弃疾却不明白。在一团和气的潜规则下，辛弃疾如同一支划破苍穹的长枪，锋利而尖锐，缺少了立身官场所最需要的圆滑与世故。于是，得罪朝廷里的官员们成了他最常出现的差错，连言官王蔺也因为辛弃疾的横冲直撞而气愤不已。

若是将王蔺与辛弃疾的个性对比一下，会发现"刚肠嫉恶"四个字是他们最大的共同点，照理说应该成为知己的两人却因为立场的不同而成了敌人。

王蔺是言官，他的秉笔直书自然能为他带来众多的赞誉。朝臣们对他敬爱有加，皇帝更是以嘉奖仗义执言的谏官来标榜自己的清明政治。皇帝与满朝文武的信赖让王蔺受宠若惊，和辛弃疾一样，王蔺渴望回应给予他厚望的人，但木强则折、物极必反，王蔺内心报答恩情的热切期望带来的却是以弹劾为荣的、扭曲的职业生涯。

除了辛弃疾，朝堂上多数激进分子都成了王蔺笔下傲慢与贪婪的代表。朝堂的官员们因为有这样一位强势的谏官而缄口不言，孝宗也因为王蔺是执行朝廷鞭策的不二人选而对他没有过多的指责。

辛弃疾是天生的侠士，原本这些流言蜚语对他来说实在没有在意的必要，他相信孝宗对自己的信任，但朝廷的口风却在王蔺一纸诉状的绑架下出现了难得的"团结"。作为孝宗淳熙年间最具影响力的朝臣，周必大无疑是南宋朝廷首屈一指的能人，当他也同所有人一样说出"辛卿又竭一路民力为此举，欲自为功，且有利心焉"（《文忠集》）时，辛弃疾在南宋朝廷内的尴尬与难堪可想而知。

就这样，秉承率真个性的辛弃疾成为孝宗朱砂笔下又一个被罢官的对象。壮志未酬，帝王终究不是长情之人，辛弃疾唯一能依靠的只余道家的淡泊明志和无为而治的清雅论了。

第四节　鱼米之乡里的旷世等待

在古人的世界里，顺应天命是令人愉悦且十分重要的情结，人生总有不如意之处，因此学会放空自己，与自然融会贯通总是难能可贵的精神品质。"达则兼济天下，穷则独善其身"，如果说，南宋朝廷中还有谁能将这种精神演绎得淋漓尽致，那辛弃疾绝对是当之无愧的第一人。

朝堂的排挤原本司空见惯，辛弃疾自知无法与他人成为同道中人，他对沆瀣一气的人不屑一顾，认为清者自清、浊者自浊，但一厢情愿的单纯最终逃不过潜规则的捆绑。

修建稼轩别墅的时候，辛弃疾以"鹤怨猿惊"劝说自己早日归隐，真正让他对朝堂失去希望的不是自己这颗被闲置的报国之心，更多是孝宗对自己的不信任。王蔺的弹劾固然是辛弃疾被罢官的重要因素，孝宗处境的转换和心态的改变才是辛弃疾失落的根本原因。

金世宗完颜雍是伟大的，即便他在汉人眼中是敌寇匪首，但他带领女真真正崛起是不争的事实。和完颜亮相比，完颜雍对女真族最大的贡献在于他保留了这个民族最原始的习俗并维持了它的战斗力。

多年后，女真族在金世宗的孙子金章宗完颜璟治下掀起了学习汉家文化的民族风潮，金朝也因此逐步丧失武力优势，最终由盛转衰，成为蒙古部落蚕食的对象。看着这个曾经称霸一方的帝国突然崩塌，无论是谁都会不由地生出唏嘘感慨，也正因如此，孝宗时期完颜雍的统治措施更会在历史上成为一个华丽的标本。

站在南宋的角度，孝宗是幸运的，因为他遇上了高宗将皇位传给太祖血脉的机遇，也由此开启了自己的时代；但站在金朝的角度，孝宗却是不幸的，因为他遇上的对手完颜雍是将金朝历史推向顶峰的重要人物。

朝臣的反对和阻挠从无间断，百般无奈下，孝宗只好放缓北伐的脚步，将朝政重心放到南宋经济复苏与民生休养上，以抗金为毕生信念的辛弃疾也自然而然地退居二线，成了可有可无的角色。

起初，闲适下来的辛弃疾还会仰天长叹，甚至在人迹罕至的荒野大声疾呼诸如"何人解我"的问话。迟迟等不来想要的答案，他也不再多问了，因为他晓得，这世道原本就不存在对等交换。

带湖吾甚爱，千丈翠奁开。先生杖屦无事，一日走千回。凡我同盟鸥鹭，今日既盟之后，来往莫相猜。白鹤在何处，尝试与偕来。

破青萍，排翠藻，立苍苔。窥鱼笑汝痴计，不解举吾杯。废沼荒丘畴昔，明月清风此夜，人世几欢哀。东岸绿荫少，杨柳更须栽。（《水调歌头·盟鸥》）

虽然我们无从得知辛弃疾为何将自己的别墅选择在带湖这个地方，但从当年时任江西安抚使的辛弃疾所描绘的景致中却不难发现他对这个地方是由衷地热爱。

带湖虽然不及临安繁华，但这里风景秀美。它不是天下闻名的古迹名胜，但作为颐养天年的绝佳去处，这里同样拥有人间仙境般的景色。加上此处民风欢愉，辛弃疾在这一住就是十年的缘由也不言自明了。

辛弃疾活用了《列子·黄帝》里"狎鸥鸟不惊"的典故，表达了与鸥鸟约盟为友，永在水国云乡一起栖隐之意。他开篇盛赞带湖景色之胜，并且因爱湖之"甚"而及湖中之鸟，欲与鸥鸟结盟为友，希望结成盟好之后，就常来常往，不要再相猜疑了。

辛弃疾一片赤诚，然而鸥鸟却立于水边苍苔之上，时而拨动浮萍，时而排开绿藻，对词人的美意不理不睬。对此，他当然只能付之一笑了。这笑，既是对朋友汲汲营营的讽笑，也是叹自己竟无多少知心朋友。看来，鸥鸟亦并非辛弃疾知己，并不懂得他离开官场之后此时的情绪，所以他怅然发出了"不解举吾怀"之叹。盟友纵在身旁，孤寂之心依旧，无人能释分毫。可见，辛弃疾所举之杯，根本不能为永结盟好作贺，只能浇胸中块垒罢了。虽然人们常说"举杯浇愁愁更愁"，但他并没有被愁所压倒，他似乎从自己新居的今昔变化中，悟出了社会沧桑和个人沉浮的哲理——"人世几欢哀"。辛弃疾本是心情郁闷，却故作看破红尘、世态炎凉，变得愈发旷达开朗，因而对隐居之所带湖也更加喜爱，要作久居长栖之计了。

倦客新丰，貂裘敝、征尘满目。弹短铗、青蛇三尺，浩歌谁续。不念英雄江左老，用之可以尊中国。叹诗书、万卷致君人，番沈陆。

休感叹，年华促。人易老，叹难足。有玉人怜我，为簪黄菊。且置请缨封万户，竟须卖剑酬黄犊。叹当年、寂寞贾长沙，伤时哭。（《满江红·倦客新丰》）

辛弃疾反对偏安江左，渴望用世立功，可是当时的南宋朝廷不以国家民族利益为重，坚持偏安一隅，打击排斥爱国志士，跟他们一样的仁人志士请缨无路、报国无门，只得解甲归田，卖剑买牛，终老山林，以酒浇愁。

辛弃疾以马周、苏秦、冯谖三个人物失意落寞的遭际自比，直抒胸臆，抒发不平。他觉得自己的失意落寞与他们相似，高宗的投降主义是自己报国无门最根本的原因，但最高统治者的失误却无人能指，也无人能责。愤愤不平之余，辛弃疾甚至后悔自己读破万卷书并执意要辅佐君王、报效朝廷的理想，一个"叹"字看着无奈，心中更多的其实是气愤与不平。

辛弃疾在报国无门的情况下，只能寄情诗酒，归隐田园，故作旷达，但隐痛深哀，仍充斥在字里行间。托古喻今，长歌当哭，全词借古人之酒杯，浇胸中之块垒。因为辛弃疾的"悲剧"乃时代使然，直至南宋王朝终结，中间所兴起的抗战潮流，不过细波微澜而已。

在鱼米之乡的云淡风轻里，辛弃疾真正体会到了出世的味道。他从未像现在这样无欲无求，也从未像现在这样快乐。从记事起，他的生命就被赋予了太多的使命，他是祖父寄予厚望的后生，是女真统治下的宋人延续血脉的希望，是起义军中兄弟们的指望，也是抗金志士紧紧跟随的标杆。当年党怀英与他分道扬镳的时候，他从未想过安逸是怎样一种境况，尽管如今他还是对挚友归顺金人充满不解与愤恨，但年华流逝，此时的他也更多学会了顺应。

在稼轩别居的日子里，辛弃疾的词作风格从先前的慷慨激昂转向欢欣平静，浪漫的词汇与飘逸的句子如同流动的云彩将他的词作蒙上轻快的色调。

不向长安路上行。却教山寺厌逢迎。味无味处求吾乐，材不材间过此生。

> 宁作我，岂其卿。人间走遍却归耕。一松一竹真朋友，山鸟山花好弟兄。（《鹧鸪天·博山寺作》）

在文人墨客的世界里，美好的植物是有自己的性格品质的。两千四百年前，孔夫子以芝兰比喻君子，更将生于幽谷的芝兰那种"不以无人而不芳"的品德与君子修道立德时"不为穷困而改节"的精神融为一体，成为鼓舞自己与后人的精神支撑。从那时起，这些本与尘世无关的花草便成了文人的情感寄托。

陶渊明"采菊东篱下，悠然见南山"的悠然自得为世人所羡慕，孟浩然"荷风送香气，竹露滴清响"的诗句在历朝历代广为传颂，刘禹锡"唯有牡丹真国色，花开时节动京城"的惊讶则让人对这一抹国色天香充满期待和想象。

和其他文人一样，辛弃疾也给自己的感情找到了天地间的宿主。它不是妖娆的芍药，不是清丽的月桂，不是雅致的茉莉，也不是婀娜的芙蓉。出人意料又合乎情理的是，让辛弃疾寄予心志的是冰天雪地里岿然挺立的青松和笔直参天从不卑躬屈膝的修竹。

"生平刚拙自信，年来不为众人所容。"（《论盗贼劄子》）这一句话道出了辛弃疾对自己个性的自知之明。"惊弦雁避，骇浪船归。"（《沁园春·带湖新居将成》）曾经说服自己继续坚持的话语终于在事实面前败下阵来，尽管入世成材的儒家思想是他心智的主导，但他终于认清周遭环境对自己的不利，也开始明白为历经沧桑的魂灵提供最终安慰是"稼轩"别墅存在的真正意义。

多次摔打过后，辛弃疾在受挫中慢慢懂得了趋炎附势的重要性，可已然执拗了四十二年的他，却再也不可能改变这样的秉性了。朝堂上的人看起来冠冕堂皇、斯文体面，他们内心深处的曲折沟壑却深不见底，难以捉摸。与其费劲脑子与他们周旋，倒不如归园田居，和挺立的松竹做伴。面对它们，辛弃疾总能保持心境的平和，即便它们不会说话，也不会和自己有心灵上的沟通，至少，他不用将自己蜷缩成圆润的模样，以此取悦他人，以求明哲保身。

陌上柔条初破芽。东邻蚕种已生些。平冈细草鸣黄犊，斜日寒林点暮鸦。

山远近，路横斜。青旗沽酒有人家。城中桃李愁风雨，春在溪头荠菜花。（《鹧鸪天·陌上柔桑破嫩芽》）

写这首词时，辛弃疾已经在自己闲适的田园生活中徜徉了许久。他卸下沉重的盔甲，用一支笔描绘出四周的美景。没有了朝廷的繁文缛节，辛弃疾在自己的世界里怡然自得，他在水村山郭酒旗风的自在里毫无顾忌地饮酒作乐，他青箬笠、绿蓑衣，洒脱地用一杆鱼钩垂钓着那抹缓缓西坠的红日，也垂钓着山川笼罩下的闲适与恬淡。

青山屋上，古木千章；白水田头，新荷十顷。来自北方的男儿郎在江南细雨密布的春潮中化身为勤恳的忙种之人，穿梭于田间陇上，又在泥土间嗅到来年希望的味道。变身为农人的辛弃疾似乎有些大材小用的遗憾，但回想起临安城内弥漫着的惊心动魄，辛弃疾的不甘中更多了一份明月入怀的情绪。

瓢泉的水源源不断，辛弃疾与友人们常在此处交流，很多片段被记录下来，成为千年后家喻户晓、竞相传颂的故事。人们为这位大文豪在此处的驻足感到庆幸，因自己能跟他同饮一泉之水感到自豪。深夜，清寒而甘甜的水照着同千年前一样的明月，此处此情此景，人们不禁好奇：当年的辛弃疾是否也如同今日一般，揽月而坐，饮泉而唱？

　　伴着诗句，仿佛可以看见辛弃疾赏月的画面，但他深邃的目光下隐藏的情绪却无人明白。外表看似已经放下，但内心的不甘仍让他有所纠结。山外，艰难的处境令人望而却步；山里，闲适的生活让他手足无措。鸿鹄永远无法成为燕雀，即便它们在树木葱郁的林间成为比邻，也抹不去前者征服天空的雄心壮志。被迫离开庙堂多年，辛弃疾的胸中依然住着一个渴望征战沙场的灵魂，而这正是他无法真正成为农夫的原因。

　　如果没有这段闲居生活，或许我们看不到辛弃疾慵懒于世俗凡尘的一面。多年的挥斥方遒让辛弃疾多了一层强硬的面容，当他卸下矜持的那一瞬间，长久压抑的心神得到了放松，而这个注定要成为英雄的男儿在振作精神之后迎来的是又一次气势磅礴的征程。

第五章

千古词·除了刀,还有一支笔

第一节　另一处战场

"采菊东篱下，悠然见南山。"当陶渊明将绽放的花蕊从枝丫上采下的时候，眼前的景致是他期盼已久的。对他来说，朝廷的纷纷扰扰是令人烦闷的，只有这闲适的田园生活才是自己真正的归宿。或许，正是因为他真心寻找宁静，所以他归隐后所写的篇章才会那样的统一、融洽，即便谈笑往来的不乏朝中旧识，他也不曾有过"回心转意"的念头。

可惜，并不是所有人都能像陶渊明一样，心中隐隐潜藏着的渴望让辛弃疾闲居的日子多了一份矛盾、纠结的味道。

上饶是个好地方，山清水秀、宁静幽远，不用像在南宋都城临安那样草木皆兵，也无须跟长江防线上的城镇一般风声鹤唳。在这里，名声在外的辛弃疾卸下自己官场上的铠甲，以平常心结交了众多好友，这其中既有抗金名将赵方，也有名落孙山、终身不得志的普通儒生刘过。

关于赵方，他的故事在野史中颇有几分怪力乱神的味道。据《钱塘遗事》记载，赵方的长相与常人十分不同，他不但身材高大，眼睛还一高一低，看上一眼便叫人望而生畏。传说一天夜里，服侍赵方沐浴更衣的人看见浴盆中盘旋着的竟是一条大蛇。赵方"大蛇化身"的传闻也因此在坊间传播开来。

虽然故事是杜撰的，但赵方英勇杀敌的威名和让敌人闻风丧胆的气魄值得人们敬佩。

准确地讲，赵方应该是辛弃疾的晚辈，而且是他众多追随者中的一员，尽管他们同朝为官的时间不算太长，但在湖南解试中得到辛弃疾破格提拔的机缘，也让赵方在辛弃疾辞世后仍全心全意照顾其家人。多年后，当辛弃疾的儿子因为赵方太过严厉的管教而心生不满时，赵方用一番情真意切的话语让辛弃疾的遗孀范氏感慨不已。

赵方说，自己之所以这么做，根源在于他想回报辛弃疾当年的厚恩。他深知辛弃疾刚正不阿的秉性，也知道朝廷中多有官僚子弟仗势欺人、不务正业的先例，因此才对恩公的儿子多加苛责，目的正是希望他能继承辛弃疾的优良品质，并最终成为对朝廷有用的人才。

能量是可以传递的，正能量更会在教导中实现传承。当辛弃疾的儿子真正继承父亲的秉性开启仕途时，先辈的浩然正气和为国、为民的正义感便有了再一次生根发芽的机会，名士的精神也因此得以延续。

和赵方相比，辛弃疾在上饶闲居时的另一个好友刘过则显得平民化了许多。在中国数百年的科举史中，上下求索而不得的儒生不计其数，这些未曾取得功名的人或是郁郁寡欢、穷困而终，或是另谋出路、最终成为一代文豪，有趣的是，刘过落榜后的生涯偏偏与辛弃疾密不可分。

从年龄上来看，刘过与赵方一样是辛弃疾的晚辈，刘过对辛弃疾的推崇较赵方有过之而无不及。年轻时，刘过就对辛弃疾的诗作与人品极为欣赏，除了逢辛诗必读外，他更是学着辛弃疾的文风摹写了许多诗篇。

原本，临摹者与原创者之间并不会有多少交集，但一次偶然的机会，辛弃疾读到了刘过的诗词，他们之间的交往便由此拉开了序幕。南归十年里，辛弃疾见过的人或居庙堂之高，或处江湖之远，形形色色，能与他形成共识的人并不多。在他看来，刘过不是四次科考均未上榜的儒生，而是与自己志同道合的友人。他不在乎刘过仿写的诗句与自己的诗篇有多么相似，更不在乎这个年轻后生的官职、爵位，他欣赏刘过敢言天下的勇气，更有感于他对北方失地充满遐想的情感。

弓剑出榆塞，铅椠上蓬山。得之浑不费力，失亦匹如闲。未必古人皆是，未必今人俱错。世事沐猴冠。老子不分别，内外与中间。

酒须饮，诗可作，铗休弹。人生行乐，何自催得鬓毛斑？达则牙旗金甲，穷则蹇驴破帽，莫作两般看。世事只如此，自有识鹓鸾。（刘过《水调歌头·弓剑出榆塞》）

当心中的理想被现实无情地击碎时，刘过自我安慰，那些出兵塞外、收复失地的事情都是"浑不费力"的事情，即便失去了也无甚可惜。他劝自己，"酒须饮，诗可作，铗休弹"，可是只有辛弃疾知道，这些话只是压抑内心悲怆的自欺欺人之语罢了。

无怪乎他们能彻夜长谈，无怪乎刘过能成为"辛派三刘"

之首。当他追随辛弃疾的步伐与陈亮、陆游契阔谈宴时,凌云的壮志和指点江山的理想不再是街头巷尾的笑柄,而浮于尘世的功名利禄也因此蜕变成外衫一般的装饰。

《江湖纪闻》中说,辛弃疾与刘过会面后,发现对方的脾气秉性与自己十分相投,便从此结下情谊,甚至连刘过回家探望母亲的路费都是辛弃疾慷慨相助的。

可惜,上饶这个看似世外桃源的地方并没有想象中的幽静,反而因为和临安距离不远经常成为朝中达官贵人们出行游玩的首选之地,辛弃疾原本沉静下来的心也因为各种消息的扰乱而泛起涟漪。

朝中大员们卸下朝服,大腹便便、春风满面,坐着豪华的马车而来,一同传到这片安静之地的还有京城的新闻和官场上人事任免的消息。在辛弃疾离开的这段时间里,孝宗和他的亲信们依然延续着先前的作风与习惯。主战派与主和派争论不休,皇帝从中调停却也没有明确的北伐计划;农业与税收仍旧是各级官吏最上心的事务,和兴兵建制这样的事情相比,前者显然更能突出为官一任的政绩与成就;辛弃疾离职前,大理寺与刑部筹措的法令整改仍在按部就班地进行,即便没有了他这个提刑的参与;那些反复审判的案件卷宗也换了一叠又一叠,只不过依旧倚叠如山,无法清空。

有历史学家认为孝宗是南宋最有作为的皇帝,即便如此,朝内的纷争依然没有因为皇帝的有所作为而终止。辛弃疾被贬六年后,左丞相王淮曾经准备让他担任安抚使,但右丞相周必大却不同意。王淮是个惜才的人，他询问周必大不起用辛弃疾的原因，周必大的理由显得冠冕堂皇。

他说，如果重新起用辛弃疾，那么曾经记在他名下的人命就会全转到他们这些官员的身上来。王淮知道周必大有些夸大其词，可这样的理由他又无法反驳，最后，他重新任命辛弃疾的想法只能作罢。

当然，辛弃疾消失的六年里孝宗也并非对他不闻不问，王淮上表不久，皇帝似乎重新想起辛弃疾这个人。在他看来，辛弃疾或许是个人才，但现今的朝政局面他却派不上用场。不过，"宽时物，紧时用"，一旦国家发生紧急事件，或许这个带过兵打过仗的旧帅还能有些作用。一时兴起的他给辛弃疾安排了一个武夷山天佑观祠禄官的职务。名义上这是个领朝廷俸粮的官职，实际上辛弃疾得到的不过是毫无实权的储备干部名额罢了。

诏书到来的那一天，辛弃疾误以为自己的闲居日子即将到头，怎知一场兴奋换来的却是有名无实的提拔。薪俸虽然随着皇帝的"信任"升高，但对于本就衣食无忧的辛弃疾来说并不重要，他波澜不惊的内心却因为宣旨使臣的突然造访泛起涟漪。

听着来来往往的人们讲述那些他决定忘却的事情，一度说服自己要安心享受恬淡生活的他，在人们关于南宋朝局的讨论里，渐渐燃起了回归的渴望。

人心有时真的是这个世界上最容易摇摆的事物，明明告诉自己要坚定地沿着既定方向前进，但当意外的小插曲来到面前时，痴心与妄想还是会不由自主地抬起头来。辛弃疾忘不了向他招手的梦想，正如他忘不了祖父的教导和学而优则仕的儒生理想一样，他在为官的渴望里不能自拔，一如他在抗金的希望里失去自我。

每个人从小到大都会有自己的精神支柱，那些童年时刻入心底的谆谆教诲传承了前辈对自己的期盼，也贯穿着每个人的生命历程，而渗透辛弃疾一生的精神内核便是他汉人的身份，和他肩上背负着的光复北方失地的志向。

在辛弃疾众多的朋友中，韩元吉是少有的莫逆之交。这个曾经担任吏部尚书的长者与辛弃疾虽然年龄相差很大，但他坚持北伐的积极态度和强调适时而动的主张却与辛弃疾不谋而合。

韩元吉并不是保守的人，虽然他的官职不低，但相比其他安于现状的高管而言，他却从来没有放弃回归北方的盼望。孝宗上任初期，韩元吉因为支持北伐而成为朝廷重用的臣工，随后仕途也一路亨通，他一跃成为孝宗政治核心的成员。隆兴北伐后，孝宗仅休养了几年便打算再次整军待发，韩元吉却认为时机未到。当时，劝说孝宗暂停北伐的不止韩元吉一人，官职最高的也不是他，盛怒之下孝宗重新任免宰相，韩元吉也又一次顺利度过一劫，并完成了官场上的软着陆。

同朝为官时，辛弃疾与韩元吉的想法颇为相似，辛弃疾被免职后，已退休且同样居住在上饶的韩元吉自然成为他最常联络的好友。刚开始，他们的话题还停留在嘘寒问暖上，时间一长，他们谈及最多的也就渐渐变成了朝廷时政和抗金大势。

官职被撤，辛弃疾许多未雨绸缪的施政措施还没来得及施展，很多新点子也因为没有实施的空间沦为空谈。论起官场的经验和阅历，辛弃疾不能和老道的韩元吉相比，有这样一位前辈在身边，年轻的后生自然会乐此不疲地将心中所想和盘托出。

姜，终究是老的辣。每每听完这位后生的阐述，韩元吉总能将其中的不足一语道破，恍然大悟的辛弃疾则在这样的指点中慢慢明白了自己的不足和当今朝廷的情势。经过一段时间的交流，辛弃疾的思维和想法与韩元吉慢慢有了共鸣，彼此关于朝廷的担忧也更趋于一致。

一壶清泉，两盏清茶，辛弃疾与韩元吉就南宋现状促膝而谈时，不自禁地吐露出内心的彷徨与无助。对韩元吉来说，这样的"满腹牢骚"倒可视作退休生涯里聊以消遣的谈资。人在朝中，碍于身份他自然没有多余的时间和足够的胆量对朝中事务评头论足，如今远离庙堂、心无旁骛的他即便多说几句逆耳的话语也不必担心隔墙有耳、墙外有人。

但辛弃疾却不一样。

此时的他刚过不惑之年，虽不及年轻时勇猛，却仍旧年富力强。和毛头小儿相比，辛弃疾的年龄和经历让他更加沉稳；和头发花白的守固老臣相比，辛弃疾也依然有创新突破的可能。此时的南宋正值用人之际，辛弃疾这样的人才无疑能成为圣上委以重任的对象，可饱满的热情终究抵不过现实的残酷。

孝宗需要人，但并不需要辛弃疾这个人；朝廷确实渴求带兵北伐的统帅，却并不需要辛弃疾来从军。文章千尺厚，委曲万丈深。无处倾诉的时候,辛弃疾只能将他的肝肠寸断和宏伟志向付诸笔端。唯有如此,他才能找到心灵的寄托和内心的平衡。

渡江天马南来,几人真是经纶手。长安父老,新亭风景,可怜依旧。夷甫诸人,神州沈陆,几曾回首。算平戎万里,功名本是,真儒事、君知否?

况有文章山斗。对桐阴、满庭清昼。当年堕地,而今试看,风云奔走。绿野风烟,平泉草木,东山歌酒。待他年,整顿乾坤事了,为先生寿。(《水龙吟·甲辰岁寿韩南涧尚书》)

西晋末年,民间流传着一首童谣,其中有一句是"五马浮渡江,一马化为龙",讲述的是当年琅琊王司马睿与西阳王司马羕、汝阳王司马祐、南顿王司马宗、彭城王司马纮一同渡江避难,后来司马睿在王导的帮助下在建康建立东晋的故事。那时,西晋被匈奴人所灭,司马氏的子孙在皇室落难之时只好以天堑长江为防线并在江南另寻王朝续命的机会。

历史不断向前,但总会在某些时刻出现重叠。匈奴与司马氏的战争还历历在目,宋朝赵氏家族又在与女真的恩怨中重新演绎了同样的纷争。只不过,东晋在司马睿之子司马绍的才干下结束了建国初期兵荒马乱、权臣当道、国库空虚、生灵涂炭的危险局面,南宋却因为高宗的昏庸导致了岳飞蒙难、国力不振,即便随后的孝宗有振奋朝纲的志向,羸弱的南宋依然未能与日益强大的金朝抗衡。

任何一个朝代的兴旺都会带来族群与门第的兴盛，西晋的没落在带给黎民百姓苦难的同时，也让一些人成了新朝的宠儿。对他们来说，西晋并没有值得留恋的地方，而东晋却是他们可以一手遮天、为所欲为的舞台。在这种情况下，得势的士大夫们又怎么可能回归到战争的行列，又怎么能体会中原人渴望在北伐中原回归旧朝的心情呢？

东晋如此，南宋又何尝不是一样！秦桧与高宗将北伐大计看成自己享受荣华富贵的阻碍，偏安一隅的思想也因此成为庙堂的主宰、朝堂的风向。新亭外，谁知有多少思念中原故土的东晋官员们抱头痛哭？西湖边，又有多少抗金志士清泪满襟呢？

"功名本事，真儒事"，辛弃疾又岂会放下长久以来成就一番事业的青云之志，即便寄情山水时他努力地说服自己要接受现实、平和心境，但当京城的政令和边疆的消息传来时，他还是摩拳擦掌，跃跃欲试。当春风又一次拂过时，他那沉睡着的复兴梦想便如倔强的嫩芽，再一次冲破泥土，以勃然的生机回馈漫长的等待。

第二节　侠骨也有柔肠

与今人相比，古人对友谊的表达更具浪漫气息。三国时，东吴大将陆凯折梅于好友范晔；唐代大诗人王维也用新柳送元二出使安西。杨柳、晓风、残月，古道、西风、瘦马，只要有景致的地方，好友们总能找到表达彼此心境的有趣方式，即便只有三杯两盏淡酒，也能让人回味无穷。

在辛弃疾的众多朋友中，同为诗人的陈亮和朱熹显然与众不同。他们和辛弃疾一样在官场上混迹，留在历史中的称号却是思想家和诗人。只是，陈亮的境遇比辛弃疾更为凄苦，而朱熹的人生却又比辛弃疾顺畅许多。

回顾宋朝的官员名录，文豪与学者的名字层出不穷。王安石、范仲淹、苏轼、司马光、辛弃疾、朱熹，这些在历史上声名显赫的名字不但为后世所传颂，也无意间掩盖了许多才华横溢者的风光，陈亮便是其中之一。

陈亮，原名汝能，后世对他有所耳闻的学者通常称他为"龙川先生"。正如他的字号一样，陈亮的才气可以用"超迈"两个字来形容，而他高中状元又擅长兵法的才干更让他的意气风发有了几分理所当然的味道。

作为没落地主的后代，陈亮出身门楣不算高，十四岁便生下他的母亲也没有足够的人生阅历指引、教育他。好在陈家当年还未衰败时，陈亮的祖父陈益所受的教育同其他乡绅贵族一般别无二致。于是"明敏有胆决"的陈益便担起了教育陈亮的责任。因此，陈亮对地主阶级的精神内核有充分的了解，其提出的思想理论也与封建王朝的统治不谋而合。

十八岁时，陈亮结合自己对历史的了解，写成了总结古人用兵成败的《酌古论》。时任婺州郡守的周葵看到这篇论述后，对陈亮的才干十分欣赏，认为他日后定能成为栋梁之材，于是，将他请到自己的住处奉为上宾。而陈亮也因为这位伯乐的欣赏，年仅二十岁便成了参知政事的幕僚，由此开启了属于自己的仕途生涯。

成功向来是实力与机遇的结合，贵人的提携让陈亮的起点领先他人，所有人都认为少年得志的他将平步青云，位极人臣。可惜，造化弄人，仗义执言、耿直忠贞的陈亮一生不但仕途坎坷，还因为遭人陷害先后两次入狱，人生凄苦悲凉。

关于陈亮和辛弃疾的相识，正史上并没有明确的记载，只有某些奇趣杂谈稍有提及。据《养疴漫笔》作者赵溍描述，陈亮与辛弃疾的相识源自一件怪事。

在辛弃疾的众多诗文中，经常出现"瓢泉"这个地方。原本，"瓢泉"的名字并不响亮，知晓它的人也并不多。有次机缘巧合，辛弃疾散步到此处，一下子就被这里悠然的风光所吸引，进而产生了"便此处，结吾庐，待学渊明，更手种门前五柳"的想法，就这样，"瓢泉"因为辛弃疾的"一瓢自乐"的赐名而成为他与好友最常聚会的地方。

那一日，辛弃疾照常在"瓢泉"休养，早闻辛弃疾大名的陈亮听说他正在此处，便立刻驱马前往相见。临近瓢泉边上的小桥时，陈亮的马突然不走了，即便他用尽全身力气"三跃马"，这匹一路都还温顺的坐骑就是止步不前。小马的倔强引来了主人的不满，陈亮多次驱使无果，最终"拔剑，挥马首，推马扑地，徒步而进"。而这一切，恰好被倚楼而望的辛弃疾看在眼里。他赶忙遣人询问这个奇人是谁，不料此人却推门而入说要拜访辛弃疾。就这样，一段奇遇让两个渴望指点江山、激扬文字的文人成为好友。

在辛弃疾闲居的时光里，陈亮曾邀请朱熹与辛弃疾一同前往瓢泉论道。可这场期待已久的会面因为朱熹的爽约而告终。起初，陈亮对朱熹的做法十分气愤，但当他看见坐在自己身旁的辛弃疾时，内心的气愤也一扫而空。

有道是"酒逢知己千杯少，话不投机半句多"，对陈亮来说，只要有辛弃疾在身边，就算全天下的学者文人都弃自己而去，他也绝不会感到半点孤独与辛酸。

淳熙二年即公元1175年，辛弃疾还没有被免职，与宰相叶衡也还时常有往来。此时，陈亮因为上书谏言的缘故在临安城内逗留，时常前往叶衡家中拜访的他因而与辛弃疾有了相见的机会。

那时，朝堂上下与他二人想法一致的并不多，除了丞相叶衡，其他志同道合者屈指可数。经过一段时间的交往，辛弃疾和陈亮对彼此的见解和品行有了不错的认识。

辛弃疾"落职"到带湖的时候，陈亮的探望给他百无聊赖的生活增添了不错的亮色。淳熙十五年即公元1188年，在大雪纷飞、天地苍茫的冬季，辛弃疾与陈亮相约在信州度过了"鹅湖同憩，瓢泉共酌"的时光。除此之外，这两位擅长歌以咏志的词人还以长歌对话，留下了脍炙人口的瑰丽篇章。

老去凭谁说。看几番、神奇臭腐，夏裘冬葛。父老长安今余几，后死无仇可雪。犹未燥、当时生发。二十五弦多少恨，算世间、那有平分月。胡妇弄，汉宫瑟。

树犹如此堪重别。只使君、从来与我，话头多合。行矣置之无足问，谁换妍皮痴骨。但莫使、伯牙弦绝。九转丹砂牢拾取，管精金、只是寻常铁。龙共虎，应声裂。

——陈亮《贺新郎·寄辛幼安和见怀韵》

老大那堪说。似而今、元龙臭味，孟公瓜葛。我病君来高歌饮，惊散楼头飞雪。笑富贵千钧如发。硬语盘空谁来听？记当时、只有西窗月。重进酒，换鸣瑟。

事无两样人心别。问渠侬：神州毕竟，几番离合？汗血盐车无人顾，千里空收骏骨。正目断关河路绝。我最怜君中宵舞，道"男儿到死心如铁"。看试手，补天裂。

——辛弃疾《贺新郎·同父见和再用韵答之》

除了游山玩水，辛弃疾与陈亮还常常讨论国家大事，时常秉烛夜谈也未觉疲惫。陈亮道出心中关于朝局的担忧，辛弃疾则以附和的形式表达同样的感受。

连续上表失败，陈亮开始怀疑那个"夏裘冬葛"、颠倒是非的世道。宋金议和看上去太平无事，可这世上怎会有相安无事、南北同治的朝代？金人偃旗息鼓，等待复兴，宋金表面一团和气，但实际危机四伏，倘若哪天金人恢复到从前的实力，那这江北对岸的苟且生活便也没有了延续下去的理由，大宋王朝的消亡又还会远吗？

在与朱熹的针锋相对中，陈亮主张的观点始终是道德与功业的统一性。对于主张看透名利的人来说，陈亮的哲学思想似乎有些"急功近利",但结合陈亮的人生经历和他对南宋皇帝的期望与失望,他有这种想法也是正常的。

他是南宋的忠实臣民,更是大宋帝国最热忱的拥护者。他期望帝国恢复元气,更期待挥师北上的潇洒,可惜,他的志愿却总是被现实重重摔打。无法中举,陈亮的出征抱负自然难以实现,埋怨之余,陈亮更气愤的是孝宗在北伐失败后的龟缩不前。在他看来,孝宗是整个南宋王朝最应该担起复兴责任的人,可现在却丝毫没有再次出征的意思。于是,他开始怀疑孝宗的个人道德,甚至对他是否真正合理继承了赵宋王朝产生了怀疑。

这些话,陈亮无法和别人说,即便冒着砍头的危险直言不讳,换来的也只是朝廷的漠视。"只使君、从来与我,话头多合",陈亮借此感慨希望辛弃疾能坚持己见,唯有如此才能保持南宋士大夫所怀的最后一点正义和公理。

辛弃疾又何尝不希望如此?此时,他的身体正因为疾病而饱受煎熬,虽然已过不惑之年,但遇上陈亮这样的志同道合者,他又情不自禁地"聊发少年狂"。神州几番离合,国内人才流失殆尽。辛弃疾知道陈亮是一匹汗血宝马,可是朝廷里却没人发现,即便这匹马沦为拉盐车的牲畜,他们也从不觉得惋惜。他渴望着年轻人的崛起,希望陈亮能遇上"千金买马骸"的明主,也期待看他伸手补天,大展宏图。

可惜,陈亮还未来得及施展胸中的抱负,一场突如其来的牢狱之灾就将他的豪气一下打到了谷底。

隆兴北伐的失败让南宋军民的斗志受到了前所未有的打击，朝堂上求和的风气重新占了上风。一场议和，南宋丧失了勉强维系的大国尊严，这个斗志昂扬的帝国只能卸下骄傲的外壳，向金人俯首称臣，依靠每年缴纳岁贡来求得一时的安稳。

原本信心百倍的主战派在战败的事实面前委屈不已，所能做的却只有缄默不言。可是，年轻气盛、一心想要光复失地的陈亮，又怎会沉默不语呢？

幕僚并不是官职，参与政事虽是分内之事，但上书谏言却需要冒一定的风险。一个布衣尚且知道求和的羞耻，朝堂上那帮"厌厌无气"的士大夫们却无一人敢言，有心无力的孝宗只能对陈亮这封与股肱之臣意见相悖的上书置之不理。陈亮见朝廷如此懦弱，索性辞官回乡教书讲学。

淳熙五年即公元1178年，退居江湖却依旧愤愤不平的陈亮再次上书朝廷，毫不讳言地批判朝廷官员们逃避现实、偏安一隅、不思进取的不良风气。刑部侍郎何澹对陈亮的行为十分不满，在他看来，国家大事是朝中大臣的事情，与这一介草民并无关联。如今，陈亮既然"越俎代庖"，那么让他不再多管闲事的办法也只有将他投进暗无天日的牢笼了。

就这样，陈亮因为"言涉犯上"之罪成了官府捉拿的要犯，被狱卒鞭笞得体无完肤的他还是因为孝宗的特赦才勉强捡回了性命，谁知才拖着残病之身回到家，便被重新控告上了州府，理由竟是：指使家童杀人。

"铁证如山"，陈亮及其父、同辈很快被关进大牢，不久，他本人更是被押往大理寺狱，成为朝廷重犯。有口难言的陈亮痛斥着朝廷的黑暗，他坚信终有一天自己能沉冤昭雪，但父亲在狱中不治身亡的消息犹如晴天霹雳，让他一蹶不振。

曾经，这个年轻有为的少年因为才华出众而绚烂绽放，成为南宋学子中的佼佼者，此刻，他却因为奸佞的陷害而濒临崩溃。他的"伯乐"周葵自然不愿意看到这样的结局，辛弃疾更不希望契阔谈宴的知己命丧黄泉。

于是，一场来自友人们的营救开始了。

在连续一年的时间里，辛弃疾与王淮利用不同的机会向孝宗谏言，希望能将陈亮从牢狱中解救出来。但是，何澹却利用职务之便屡次打压二人的劝说之词。虽然编织了一堆无中生有的罪名，但关于主犯陈亮的审理还是没有实质性的进展，即便如此，何澹依然不肯放过无辜的陈亮。

幸好，何澹家中的变故给陈亮的牢狱之灾带来了一丝转机。当时，何澹的继母刚刚离世，虽然何澹与继母没有血缘关系，但按照宋朝律令，何澹同样需要辞官归家，守孝三年。

没有了罪魁祸首的从中作梗，陈亮的案件成了刑部无人认领的无头案，原本重如山的罪名也一下变得有了缓和的余地。辛弃疾觉得时机到了，委托与自己交情甚好的新任大理寺少卿郑汝谐重新审理陈亮的案件。郑汝谐虽与陈亮并不熟络，但对辛弃疾的性格品行却十分信任。当他真正参与陈亮案件的侦查后，发现这个被扣上"幕后杀人犯"的中年人，竟是难得一见的"天下奇才"。

于是，他推翻了先前的卷宗，重现撰写判词，将事件的真相还原后，更在孝宗面前大力举荐陈亮，推崇他的才华。孝宗对陈亮也因此有了新的认识。这个屡次考取功名失利的人才，也终于在冤屈得以昭雪后，成为孝宗钦定的当朝状元。

"否极而泰来"，古人关于运数流转的这句话虽然简单，却道尽了陈亮的一生。放榜的那天，辛弃疾为好友感到由衷的高兴，两鬓白发的陈亮已无言相对。上表谢恩时，陈亮以"复仇自是平生志，勿谓儒臣鬓发苍"（《及第谢恩和御赐诗韵》）的诗句向孝宗表达了自己年华虽老、心志仍坚的心气，可生命的流转向来不以个人的意志为转移。

绍熙五年即公元1194年，状元及第不满两年的陈亮在熙熙攘攘的临安城结束了他五十二岁的生命。那一年，写下"醉里挑灯看剑，梦回吹角连营"的辛弃疾还在，但随声应和他"莫邪三尺照人寒，试与挑灯仔细看"的陈亮却幻化成天际的一缕云烟，从此一去不复返。

此时，辛弃疾已经结束了多年的流放生涯，被派往福建任安抚使。噩耗传来时，他绝望地告诉自己：从今往后，能与他一起"酌瓢泉而共饮，长歌相答，极论世事"的知音再也没有了。

第三节　胸怀里的烈火轰雷

子曰："三人行，必有我师。"对于辛弃疾、陈亮与朱熹这三个才华出众的文豪学者来说，教书育人并不算难事。这其中，将"成为人师"的活计做得最好，且名垂千古的要数朱熹。

作为对后世影响最深远的学派之一，程朱理学在成为儒家神权和王权的合法性依据的同时，更将儒家的伦理道德融入普通民众的个人信仰中。尽管这个学派中存在着大量男尊女卑、个人崇拜的糟粕，但它却是传统"天命"思想向逻辑化、抽象化哲学转变的关键。

关于孔庙中供奉的人物造像，历朝历代都有严格的规定，朱熹之前，能享受孔庙祭祀的人物为圣门四科弟子。直到这个来自福建的南宋文人在孔庙大成殿十二哲者中占有一席之地时，受儒生祭拜之人清一色为孔子亲传弟子的现象才终告结束。

坊间传说，朱熹是个脚踏七星的奇人，他童年学习儒学经典时就常常将学堂的先生质问得哑口无言。当然，辛弃疾终究不是普通人，他对朱熹敬佩有余，但也不曾顶礼膜拜。

关于这两个人的相识，逸闻趣事很多，史料记载也不少。辛弃疾与朱熹并不是一拍即合的好朋友，初时关系并没有陈、辛相处得那般深厚。相反，他们的感情是在彼此磨合、甚至争执的过程中慢慢发展起来的。

朱熹的年纪比辛弃疾大一轮左右，因此，当辛弃疾从耿京义军投靠至南宋朝廷时，朱熹已经在朝堂里为官多时。那时，满朝文武都在疯传辛弃疾归降及斩杀叛徒张安国的轶事，朱熹虽然有所耳闻，可因为政事过于繁忙，未曾主动向他人打听朝上新人的消息。直到辛弃疾在湖南建立自己的"飞虎军"，在公事上与辛弃疾有了交集的朱熹才真正开始关注起这个年轻的将帅。

在道学领域，朱熹是当之无愧的大师，不过，在军队建设上，朱熹的观点却偏向保守。对辛弃疾的建军立制，朱熹用"选募既精，器械皆备，经营苜理，用力至多"（《朱文公大全集》）的描述进行了肯定，但是他同时觉得这样的做法会增加军费开支，加重朝廷的负担。

和辛弃疾一样，朱熹也是一个看重民生的人，只不过在具体操作上两人的做法全然不同。朱熹的思想明显与当时朝廷的主流思想是一致的，我行我素的辛弃疾却因为尚武而把军队建设的重要性排至首位。

朱熹强调细节，他最有名的言论是"存天理，灭人欲"；辛弃疾行伍出身，更加强调的是不拘小节，结果至上。有一次，时任南康军知府的朱熹截获了辛弃疾运送牛皮的货船，细细审查后发现手续并不齐全，他认为辛弃疾的做法不符合朝廷法令，便执意将船只扣留。

辛弃疾的生活并不奢靡，这些市面稀缺的牛皮其实是前线剿寇的必需品。见朱熹如此执着，辛弃疾百般无奈只好写信向他求情，希望他考虑平定战乱的实际需求，将船只连同押送人员一同送回湖南境内。朱熹接到这封信时，心中对辛弃疾不守章程的做法十分气愤，但碍于朝廷剿杀匪寇的政令，也只好挥手放行。只是，这事之后，朱熹对辛弃疾的印象一落千丈，直到一场饥荒的到来才让他重新对这个浑身英雄气的男儿有了新的认识。

辛弃疾离开湖南到江西上任后，恰逢江西境内发生了一场前所未有的旱灾，出现了巨大的饥荒。粮价飞涨、百姓哄抢，朝廷为此焦头烂额，全靠辛弃疾及时拿出他的铁腕手段，才平息了这场奸商投机倒把的内乱。

才上任，辛弃疾便张贴出了"抢粮必斩"的告示，紧接着他又找来口碑良好的百姓作为经营粮食生意的主体，用官府中值钱的物件为资本收购粮食，以平复隆兴府的粮价。

此时，朱熹所在的州府也因为饥荒而匪患不断，当他为解决这一问题焦头烂额时，辛弃疾的举措为他提供了崭新的思路。以弘扬儒家思想为己任的朱熹自然不会讲出"抢粮者，格杀勿论"的言论，所以他借鉴了辛弃疾利用价格杠杆平复粮价的"奇门异法"。这一事件让朱熹对辛弃疾的积怨一扫而空，这种情感变化也为两人后来的交往打下了良好的基础。

辛弃疾在江西平叛有功，但未到一年，他就因为王蔺的谏言而被迫隐居。巧合的是，一年之后，朱熹也因为朝廷上的流言蜚语主动辞去了提举浙东茶盐公事的职务。

回家途中，朱熹路过辛弃疾居住的上饶，他逗留了几日，后转道前去看望老友韩元吉，却没有拜访辛弃疾。后来，陈亮与辛弃疾约朱熹到"瓢泉"喝茶论理，朱熹又因为事务繁忙而爽约，三人徜徉山水间的聚会终究没能如愿实现。

有意思的是，正是在这样一种不算亲密的友人关系里，辛弃疾的两位好友陈亮与朱熹竟酝酿了一场中国历史上著名的"王霸义利"之辩。

当时，四十二岁的陈亮赋闲在家，他在教书之余研读朱熹的理论时，对朱熹提倡的道德与功业并驾齐驱的观点十分不赞同。在他看来，一个符合圣贤要求的完美之人，其在仁、智、勇方面必然都非常出色，因此他的道德是可以通过他对这个世界的贡献来衡量的。正如一个君王，他若没有建立对国家有用的功勋，那么他在道德上也就没有值得赞颂的地方。但朱熹却认为人的道德与他是否建功立业并没有本质关系，一个参透圣贤心的人，必定会在道德境界上提升自己的实力，至于身外的功利，那只是附加的事物，并不能作为评判人心和道德品质的根本要素。

两个人的观点截然相反，看待世界的态度也相去甚远。陈亮是经验主义者，认为要在承认现实与历史的基础上进行哲学思想的探讨与总结，朱熹却更加侧重世界的本体，认为它不一定能全部转换为经验，因此即便没有经验、没有现实与历史，哲学的思考依然可以在道的范畴里运行。

听上去，两人的观点都十分有道理，即便是千年后的今天，人们也无法给这场著名的争论下一个孰是孰非的定论。但是，结局如何又何妨？当哲人们把自己的思想作为武装思想论战时，我们看到的是古人灿烂的智慧、瑰丽的言辞、严谨的治学态度和缜密的思考方式。尽管这场论战发生在教书先生与当朝重臣之间，尽管陈亮在理学界的地位远不及朱熹，但他敢于表达思考与立场的意志却令人敬佩。

和陈亮、辛弃疾相比，朱熹的仕途显然坦荡许多。他的才华在年轻时就得到了发挥。朱熹十八岁考取贡生，第二年便考中了王佐榜第五甲第九十名，"进士出身"的名头顺理成章地与他相伴一生。

都说文人相轻，正统考试的出身和对儒家学说的推崇让朱熹对周围非科举渠道晋升的官员有一种发自内心的轻视，尽管官场上他是一副友善和睦的样子，内心深处，朱熹并不屑于了解辛弃疾这类官场新人"本路出家"的历程与传闻。

不过，一个人为人处世的态度并不是一成不变的，人生经历的变换也会让原本的心境朝着截然不同的方向转换。当孝宗朝堂上出现言官集体弹劾现象的时候，一贯注重细节的朱熹并未因为平日里的谨言慎行而幸免于难。而他对辛弃疾的态度也因为这场官场上的风波而有所改变。

从官场的套路来看，朱熹是成功的，他知道孝宗当下对直言不讳的人赞赏有加，便主动提上奏章，以贪污、结党、淫乱等罪名，对当时的台州知州唐仲友做出弹劾。

关于这桩公案，历史上不同书籍描述和刻画的角度不尽相同，论断也各有出入。有人说，朱熹的这段弹劾是因为陈亮的挑拨离间引起的；又有人说，朱熹顶着压力连续给孝宗写了六道弹劾唐仲友的奏章，是因为他觊觎唐仲友江西提刑的职位。《宋史》的解释看上去似乎更加客观，因为它不但对唐仲友当时的罪状进行了详细的罗列，更将丞相王淮与唐仲友的姻亲关系描画了出来。

为了保全亲家，王淮可能真的假公济私了，不过最终朱熹的坚持还是取得了胜利，孝宗罢免唐仲友江西提刑的官职后，改派朱熹前往此处就职。这一调令似乎坐实了朱熹"觊觎官职"的说法，不过朱熹毕竟不是抱着圣贤书钻牛角尖的呆书生，他了解官场上的流言蜚语的危害，便索性辞了官职，远离朝堂上的明争暗斗与你争我夺。

朱熹虽然不曾将自己的心境说给辛弃疾听，但类似的遭遇让他对辛弃疾感到莫名的亲切。

陈亮、朱熹归隐山林的时候，交集并不多，陈亮与辛弃疾不时还会聚会，但与朱熹却极少碰面。不过，从他与学生的谈话记录中不难发现，朱熹已然将辛弃疾看成志同道合之人。

在《朱子语类》中，朱熹对弟子说："辛幼安亦是个人才，岂有使不得之理？"学生们本来对辛弃疾没有太多的情感倾向，听朱熹如是说，内心对幼安先生的钦佩顿时增加了不少。因此，当朱熹在与辛弃疾的会面中表达出将其收为理学门生的愿望时，这些自幼跟随先生学习的门徒们并不感到意外。

尽管出生在北方女金统治区域内，辛弃疾骨子里始终是个不折不扣的宋人，主导他思想意识的是宋人极为推崇的儒家哲学。朱熹凭借自己的聪明才智，让儒学得以重新焕发生机，南宋的学子们也看到了旧文化的新面貌。大家新奇之余，质疑声也颇多，同陈亮一样认为理学空洞且脱离实际的"反理学"者大有人在。但辛弃疾还是被朱熹的思想折服了。

受"学而优则仕"思想的影响，朱熹与辛弃疾对出将入相的理解应该是一致的，作为后辈，辛弃疾也常常向朱熹请教治理民生的意见和建议。根据南宋的社会情况，朱熹在分而治之的基础上提出了"临民以宽，待士以礼，驭吏以严"的施政理念。辞官归家的他没有了实施的空间，辛弃疾却将这一理念用在了福建的治理上。

只是，骨子里的性情无法逆转，朱熹克己复礼的要求并不符合辛弃疾的性格。在草原上，辛弃疾是展翅高飞的雄鹰；在战场上，他更是肆意驰骋的战马。官场上的桎梏让不拘小节的他深感压抑，辞官后他再次体会到洒脱不羁的酣畅淋漓，朱熹的博学多才与儒学造诣虽然给了辛弃疾许多有益的影响，但一想到拜到他门下后会陷入又一种压抑天性的困境，辛弃疾还是选择了朋友相称的交往之道。

"自有山来几许年，千奇万怪只依然。试从精舍先生问，定在包牺八卦前。""山中有客帝王师，日日吟诗坐钓矶。费尽烟霞供不足，几时西伯载将归？"（《游武夷·作棹歌呈晦翁十首》）绍熙三年，重新被起用的辛弃疾前往武夷山与朱熹相会。那时，朱熹已年过古稀，但辛弃疾仍旧觉得他的能力无人能及，并用"帝王师"来形容朱熹在自己心目中的地位。

千年前，姜太公闲适垂钓引来了周文王，并最终助其完成了霸业。辛弃疾借此典故，希望同样隐居山林的朱熹能有朝一日重新为帝王分忧。

公元1194年，当赵宋王朝因为孝宗与光宗的两宫不和而迎来新一任君主宁宗的上台时，朱熹因其理学泰斗的名声，被宗室大臣赵汝愚推荐为皇帝的师傅。一向对皇权敬畏有加的朱熹为自己能为皇室出力感到无上荣光。可惜，造化弄人，任谁也想象不到这场迟到的任命带给朱熹的竟是莫大的悲剧。

在宁宗登基过程中，太皇太后的侄子、当今皇后的伯父韩侂胄与赵汝愚的功绩相近，但因为后者是宗亲，因此在新帝的朝堂上基本都是赵汝愚说了算。原本，韩侂胄希望通过拥立新君的功劳为自己争取更多的政治资本，可赵汝愚为了打压韩氏的势力，只敷衍了事地升了他两级官职。韩侂胄对此大为不满，一气之下，联合其他大臣一同对赵汝愚及其势力进行打压。

因为政见不同，朱熹曾经在宁宗的面前对韩侂胄的行为进行驳斥，韩侂胄本就对由赵汝愚推荐成为帝师的朱熹有些不满，听到他对自己的不良言论，心中的愤恨自然更甚。皇族宗室的血雨腥风与朱熹这样一个局外人本没有多大的关系，但赵汝愚在官场上的部署失当让朱熹不得不深陷其中。

当然，如果朱熹本身在宋宁宗那里足够受宠，韩侂胄的陷害也不会得逞，可惜朱熹"帝王师"的生涯在宋宁宗对学习的厌烦中草草收场。赵汝愚的一时大意换来了落魄的下场，他羽翼下的大臣也随之落难。四十天的教学刚结束，朱熹便因为言不符实的罪名成为"伪学"的首领。看着一批批学子被按上"逆党"的罪名，朱熹气愤不已，朝廷禁止用道学取士的规定又让他无可奈何。

庆元六年即公元1200年,一代巨儒的生命终结在心脏停止跳动的那一刻,理学集大成者朱熹在自己的书院里结束了七十年的生命历程。桌案上,昨日还在修改的《大学章句》墨迹未干,之后的句子却只能由后人接续了。白鹿洞依旧风光旖旎,书院的钟声回荡四周,千百年来莘莘学子也依旧用心朗读着朱子留下来的《四书集注》。

一场风波以朱熹的"满盘皆输"告终,韩侂胄自以为权倾天下,却不想"庆元党禁"最后的结局,是南宋再也无法回转的衰败与落魄。

第四节　与苏轼的巅峰对决

作为宋词殿堂里盛开的双生花,苏轼和辛弃疾以截然不同的性情和文风各自撑起一片天空,为后世很多读者所喜爱。同样下笔有神,同样妙笔生花,他们的经历在转化成文字的瞬间也深深印下了个人特色的烙印。

儒生的治国抱负,让他们有了指点江山的气魄和魅力;在朝为官的经历和造福一方的使命感,让他们对百姓有同样的亲切感;在儿女情长的催化下他们尽情抒发浪漫主义的情怀;仕途的不如意,又使得他们在生活的坎坷中学会生存。

梳理苏东坡与辛弃疾的人生脉络,他们的相似点实在太多。同样是学堂中出类拔萃的学生,同样怀抱经世治国的理想,同样在仕途上受过皇帝的赏识,又同样因为朝廷的排挤不得不闲居江湖。

北宋嘉祐元年即公元1056年,苏轼的父亲苏洵带着二十一岁的他与十九岁的苏辙一同出川,进京赶考。在苏轼诗文的光芒背后,人们对苏轼的家庭并没有太多的关注,不过单从父子三人同朝科考便不难知道这个家庭的开明和与众不同。

当时,北宋在以范仲淹为首的改革派的推动下,刚刚经历了"庆历新政",诗词领域也在文豪欧阳修和诗坛宿将梅尧臣为首的革新派的带领下,开始了前所未有的诗文改革。

和长期以来或奢靡、或柔弱的风格相比,新时期的诗文更讲究清新脱俗、言之有物。苏轼并不是擅长模仿的写手,但他的文风却与欧阳修提倡的改革方向不谋而合。短短千余字的考卷让欧阳修眼前一亮,可在拍案称绝的同时,他竟意外地犯起难来。

此时的欧阳修已是北宋著名词人,门下学生不计其数。在这一次的科举考试中,欧阳修是主考官,考生中也有不少他的学生。为了避嫌,欧阳修在误将苏东坡的文章与自己的得意门生曾巩对号入座后,将本应拔得头筹的他定为当届榜眼。放榜时,欧阳修才意识到自己的错误,他悔恨之余,更对苏轼的才学钦佩不已。

就这样,在欧阳修的极力宣传和推荐下,苏轼成了当年科举考试中最有前途的政治新星。和辛弃疾半路出家相比,苏轼的崛起显然更加名正言顺。不过,母亲与父亲的相继去世让苏轼失去为官的最佳时机。为母亲守孝三年回到京师，苏轼出任大理评事、签书凤翔府判官，四年后，苏洵去世，苏轼再次回乡守孝。

此时的苏轼并不知道这段时间的离开带给自己的是怎样的脱节，他只知道归乡的日子过得简单而淳朴。出于对母亲的怀念，苏轼与弟弟深入简出。在蛰居的日子里，苏轼每天都有足够的时间阅读自己喜爱的书籍。

当孝期圆满，苏轼再次踏入汴京时，原先熟知的朝廷在王安石变法开启后出现了前所未有的动荡。欧阳修因为与新任宰辅王安石政见不合遭到弹劾，其麾下的学生与文人也因这场突如其来的变故受到牵连。苏轼并未正式拜欧阳修为师，但当年欧阳修推荐他的情分早已将他纳入同一派系之中，王安石又岂能不知？

熙宁四年即公元1091年，苏轼因为对新法有不同意见向朝廷上表，希望宋神宗能根据新法推进中的不足适当调整变法步伐。王安石得知后，立刻找来御史谢景，让他在神宗面前对苏轼的行为进行驳斥，而原本并不愿意介入党争的苏轼，在经历了这场风波后，彻彻底底地成为反对王安石变法阵营中的一员。

在中国历史上，党争的现象并不少见，王安石变法中出现的朋党之争也因为参与者们的赫赫威名而显得与众不同。以宋神宗和王安石为首的"当权派"依靠少数几个"忠诚分子"执意要掀起一场触动社会制度甚至王朝根基的变革，而"反对派"自然是极力反对这项举措的推行。除了史学家司马光，

"反对派"阵营中的成员还包括元老忠臣欧阳修、新晋官员苏东坡、范仲淹，甚至连王安石的弟弟王安礼、王安国都毫不犹豫地站在王安石的对立面，阻挡这场完全不可理喻的变法。

用林语堂的话讲，王安石最大的缺点在于：不顾别人反对，硬要将国家资本计划中激进而极端之处付诸实践。在当前的政治环境里想要推行改革，王安石举步维艰，他唯一能依靠的是宋神宗短暂的信任和自上而下的强制命令。因此，对反对者报以"拳脚"变成了理所当然的事情。欧阳修已经败下阵来，苏轼又怎么可能幸免？

深知自己触怒革新浪潮中核心人物的苏轼早已不奢望在官场平步青云，相反，他改进为退，主动请求调出京城，远离这场政治风暴的中心地带。

当苏轼退避到湖州时，王安石也在变法尚未取得预期效果时便退休至金陵，党派之间的争斗似乎可以因为王安石的隐退暂时平息。可惜，树欲静而风不止，政治派别之间的嫌隙在时光的冲刷下或许还有可能被遗忘，但政治利益上的冲突却不会凭空消失。

一场意料之外的弹劾在给苏轼带来致命打击的同时，也让他的好友遭受池鱼之灾。

"乌台诗案"的发生虽出乎意料，终究还在情理之中。

当年苏轼的文章传遍京城时，人们就对这个善于抒情的文人表示出极大的热情和兴趣，从此，自成风格的苏轼无论写什么文章都习惯性地将自己的个人情感融入其中，即便是呈请神宗御览的奏章也从不例外。身处顺境时，才华可以锦上添花，但身处逆境后，才华也可以落为把柄。苏轼个人属性鲜明的诗文特点还依然在民间口口相传、享有盛誉，来自朝廷的逮捕令上就已经出现了"妄议朝政，诋毁圣上"的字眼。

作为"文字狱"的典型案例，苏轼的诗中是否真正表达了对朝廷的不满已经不重要了，人们关心的只是这个案子能扳倒多少反对派的人物，而这个数字显然越大越好。

于是，"老不生事或能牧养小民"被当作狂妄自大的证明，"愚不适时，难以追陪新进"被解读为对朝纲的不满。来自朝臣的弹劾如暴风雨一般袭来，苏轼在毫无防备的情况下就因莫须有的罪名锒铛入狱，成为新党们置之死地而后快的对象。

一场可怕的风暴让"倒苏风潮"成为北宋朝廷最引人注目的思想风暴，数十位与苏轼有关系的好友牵连其中，连偶尔书信往来之人也难以幸免。

新党势力的迅速扩张让这场公案没有任何缓冲的可能，年少得志的苏轼此时沦为人人得而诛之的"乱臣贼子"，他诗文中带有"反动"含义的字句使得人人自危。

在各扫门前雪的氛围里，苏轼的辩驳显得苍白无力。好在上天对苏轼还算眷顾，就在这场必输无疑的官司已经没有任何胜利希望的时候，戏剧性的一幕发生了。与苏轼政见相左的元老们纷纷谏言，希望宋神宗能网开一面，就连曾经与苏轼形同水火的王安石也在金陵向皇帝呈上奏折，以盛世不杀有才之人为理由，恳求神宗赦免苏轼的死罪。

人们常说，世界上没有永远的敌人，当王安石远离朝堂利益核心时，那些曾经桎梏着王、苏二人惺惺相惜之情谊的冲突也被清风一扫而空。

当然，关于王安石与苏轼之间化敌为友的过程此处无须展开，但寄托于如此经历下的个人情感变迁却为苏东坡的诗词创作注入了不一样的情怀。和辛弃疾一样，苏轼也会因为自己人生境遇的不堪而望景怀古，深藏在苏轼心中付之一笑的洒脱却成了他与辛弃疾之间最大的差别。

大江东去，浪淘尽，千古风流人物。故垒西边，人道是，三国周郎赤壁。乱石穿空，惊涛拍岸，卷起千堆雪。江山如画，一时多少豪杰。

遥想公瑾当年，小乔初嫁了，雄姿英发。羽扇纶巾，谈笑间，樯橹灰飞烟灭。故国神游，多情应笑我，早生华发。人生如梦，一樽还酹江月。（苏轼《念奴娇·赤壁怀古》）

一趟赤壁古迹的游览，成就了独属苏轼的千年文化巅峰。历史的烽火淹没在记忆的尘埃里，壁立千仞的山石边上，千年前的景致依旧，当年在此叱咤风云的人物却早已化为尘世的记忆。年华不会因为人们的眷恋而停止自己的脚步，华发攀上鬓角的时候，四周污浊而晦暗的气息又成了生活的主题，无可奈何之余，苏轼突然发现自己竟和当年的英雄们一样，只能在记忆里回首年轻气盛的往事。

说不失落是自欺欺人的，深得儒学精髓的苏轼又怎会忘记出将入相的理想与抱负呢？只是，造化弄人，当他以为命运为他敞开了幸运大门的时候，那些埋伏在光亮之下的黑暗却将他连同触手可及的梦想一起埋进深渊。

好在人生如梦。当最大的敌人成了最后的恩人，起伏间的意外如同清风吹过死水，让绝望到极点的心境产生了一笑泯恩仇的平和。曾经的恩怨烟消云散，上下求索而不得的苦楚仿佛也变得不再重要。

清风霁月，大江依旧，任凭世间诸多变迁，山河的景色从来不会变，变迁不定的只是看风景的人和人的心情。酒入愁肠，凭栏远眺时，苏轼对仕途的失望被淡泊所取代，作品在说服自己的同时也成为后人自勉的佳句。

出狱后的苏东坡被一道旨意送往黄州小镇，这里肮脏湫隘，贫瘠不堪，但苏东坡却在这里把日子过得如同神仙一般。没有国事滋扰，苏东坡享受着难得的闲暇时光，他和明月交谈，与清风为伴。以往俸禄丰厚的日子一去不复返，苏东坡在学习播种庄稼，浇水施肥的间隙，悠然地倚在回廊下，和三两友人下棋喝酒，消磨时光。

应该说，苏东坡是一个睿智的哲人，他善于在儒家学说中找到经世致用的道理，也善于接受道家学说带给他的达观思想。如果说官场上意气风发的苏轼手上握着的笔是摧枯拉朽的宝剑，那么回归田园生活后，苏轼字里行间表述的则是光辉温暖、平易近人的亲切感。

完全卸下思想包袱的苏轼自在之余更多了几分诙谐幽默，

甚至连自我嘲解的功力都大有长进。他描写自己的田园生活，描写身边有意思的农庄趣闻。他会抨击朝政时局，但笔锋上的严酷与锐利却平缓了许多；他会嘲讽世间可笑之事，但文字里的轻蔑却被柔和所取代。

漫无目的又毫无使命感的文章成为苏轼贬黜生涯里最常见的作品类型，但出人意料的是，这些看上去略显散漫的篇章竟成了后人最为喜爱的作品，也成了苏东坡最高文化成就的载体。赤壁夜游不是政治活动，更对他脱离流放生涯毫无帮助，可就是这样一篇记录游山玩水经历的诗赋将人之于宇宙的渺小和生命的短暂阐述得淋漓尽致。

人生在世，沉郁愤懑的情绪自然不可避免，但苏轼用慷慨激昂的词调将内心的阴霾一扫而空的豁达却难能可贵。苏轼用壮志豪情丰富了宋词的功用，使其成为贬居生涯中不可缺少的精神依靠。在豪迈的诗句中，这位千古词人完成了属于自己的、也属于宋词的巨大变迁。

从此，词不再是爱情的专属，也不再简单地用来表达旅途的思念，它成了文人们排解烦闷的寄托，更成了变相表达政治意见的文字依赖。而传承这种文风的后人中，辛弃疾自然是当之无愧的第一人。

苏轼喜欢用口语化的语句使自己的诗词显得清新脱俗，辛弃疾同样喜欢用俚语入词，让诗篇看上去显得跳跃、活泼；苏轼喜欢借用古人的故事让情感表达更有底蕴，辛弃疾同样喜欢引经据典，让诗句更显厚重。

如果非要在苏东坡和辛弃疾的诗词中找出不同，那么，他们作品中最大的差异就在于篇章的结尾。虽然他们都常以气象阔大、笔力苍劲的场面开头，但一番感慨过后，苏轼总能重新找到出发的心境，辛弃疾却常常沉浸在悲哀与惆怅中难以自拔。

有人说，造成这种分别的原因是辛弃疾本身的性格使然，因为从个性上讲，辛弃疾便没有苏轼那般洒脱自如。诚然，这样的说法并非全无道理，可是，若能仔细品读辛弃疾所处的那段历史，反映在他诗词最后的个人情绪似乎又与他个人的秉性无甚关系。

> 千古江山，英雄无觅，孙仲谋处。舞榭歌台，风流总被，雨打风吹去。斜阳草树，寻常巷陌，人道寄奴曾住。想当年，金戈铁马，气吞万里如虎。
>
> 元嘉草草，封狼居胥，赢得仓皇北顾。四十三年，望中犹记，烽火扬州路。可堪回首，佛狸祠下，一片神鸦社鼓。凭谁问，廉颇老矣，尚能饭否？（《永遇乐·京口北固亭怀古》）

辛弃疾是公认的用典高手。这一点，除了因为他博学广识，更重要的是与他同时代的人中，能与他成为知己的人实在太少。

对于辛弃疾来说，朋友是不分高低贵贱的。无论是达官贵人还是平民百姓，无论是诗人还是名妓，无论是高僧还是道人，只要能与他趣味相投，便可成为他朋友中的一员。他常常和朋友们游山玩水，登高怀古，也常常与雅士在歌舞升平中享受人生欢愉。在觥筹交错中，他闲居的生涯里多了几分趣味，无聊与乏味也就此烟消云散。

可惜，浮于表面的欢乐终究不真实，就算夜夜笙歌，辛弃疾渴望建功立业的想法还是萦绕心头，不肯离去。

放眼望去，南宋朝廷在偏安一隅的自我安慰中妥协着、逃避着，尽管孝宗北伐的决心强烈而明确，朝中却早已没有像岳飞一般的将领，辛弃疾收复失地的抗金理想也只能在岁月蹉跎中成为泡影。

无人可诉的他只好将自己置身于浩瀚的历史烟尘中，以寻找志同道合者的安慰与理解。想当年，南朝宋武帝挥师北上，于金戈铁马中收复了洛阳与长安，西汉霍去病也因歼灭七万匈奴兵而"封狼居胥，禅于姑衍"。外族入侵的战乱与国土沦丧的耻辱同样在他们身上发生过，但昂扬的斗志成就了他们一段段报国雪耻的传奇。

那是怎样一种情景？又是何等的豪气冲天？辛弃疾心向往之，即使自己仅有一柄长剑，也渴望在冲锋陷阵中实现自己的价值。可叹，时运不济、命途多舛，"冯唐易老，李广难封"。当下的现实注定了辛弃疾志向落空与希望破灭的结局。

从这个角度上讲，辛弃疾的悲伤不仅仅在于仕途的坎坷，更在于难以摆脱忧国忧民的心境。金国的经历让他体会了外族压迫下汉人盼望回归的心情，对他来说，南宋的建立与其说是王朝存续的希望，不如说是帝国覆灭的前兆。他知道金人称霸天下的决心,更知道向来尚文的宋人不是他们的对手,因此,他的担忧与别人相比自然更加浓烈。

> 明月几时有?把酒问青天。不知天上宫阙,今夕是何年。我欲乘风归去,又恐琼楼玉宇,高处不胜寒。起舞弄清影,何似在人间?
>
> 转朱阁,低绮户,照无眠。不应有恨,何事长向别时圆?人有悲欢离合,月有阴晴圆缺,此事古难全。但愿人长久,千里共婵娟。
>
> ——苏轼《水调歌头·明月几时有》

> 可怜今夕月,向何处,去悠悠?是别有人间,那边才见,光影东头?是天外。空汗漫,但长风浩浩送中秋?飞镜无根谁系?姮娥不嫁谁留?
>
> 谓经海底问无由,恍惚使人愁。怕万里长鲸,纵横触破,玉殿琼楼。虾蟆故堪浴水,问云何玉兔解沉浮?若道都齐无恙,云何渐渐如钩?
>
> ——辛弃疾《木兰花慢·可怜今夕月》

在文人的世界里,明月总是扮演着不可替代的角色。从古至今,每当文人手执酒杯于月下独酌时,高高在上的明月便常被他们当作倾诉的对象。

苏轼的《水调歌头》家喻户晓,当他举杯询问"明月几时有"时,深藏于传说中的琼楼玉宇便有了具象的色彩。在诗人的想象里,广寒宫也同人间一样,可以起舞弄清影,可以转朱阁、照无眠。可惜,心向往之的苏轼对未知地域的担忧还是超越了好奇心。

巧合的是，三杯两盏淡酒灌入愁肠后，辛弃疾也同苏轼一样有了别样的担忧。

月色朦胧，辛弃疾举杯邀明月，在醉意肆虐的间隙，他抛开凡人对天神的敬畏，执笔疾书，将胸中对明月的疑惑质问到底。

向西而走的月亮究竟要去向何处，是到另外一个人间，还是被浩浩长风送走呢？它从不掉下来，是否因为有人用一根无形的丝线将它系住呢？广寒宫里的嫦娥如今是否出嫁了，若未成姻缘，清冷之地能如此长久地留住她的又是谁？

传闻月游海底，这事究竟是真是假？海中的万里长鲸据说横冲直撞，如此的行径是否会将玉殿琼楼撞破？还有，玉兔可曾学会了游泳？不然，待明月重新离开海洋时，它又如何能安然无恙呢？

先辈们对明月发出询问的诗词并不在少数，像辛弃疾这样将问句贯穿到底的则绝无仅有。

动荡的朝局让辛弃疾充满担忧，那种源自内心深处的不安全感让他对所有的事情都充满了恐惧与忧虑。

南宋的朝局如同过海的明月一般，看上去稳固，实际上却惊心动魄。女真的入侵如同肆意冲撞的长鲸一样，随时都有可能把一切美好撞入海底，以至万劫不复，再无生机。

北宋的政局在一轮又一轮的改革里跌宕起伏，帝国财富与尚可同他人抗衡的国力还是给了人们安稳的依靠。苏轼当年对高处不胜寒的担心能在最后转化为"但愿人长久"的淡然与期盼，除了他本身是个乐天派，周遭环境的安稳也同样重要。与之相比，辛弃疾的结局悲凉了许多，因为他的郁结到最后也无人能答，无处可解。

倘来轩冕，问还是、今古人间何物？旧日重城愁万里，风月而今坚壁。药笼功名，酒垆身世，可惜蒙头雪。浩歌一曲，坐中人物三杰。

休叹黄菊凋零，孤标应也有，梅花争发。醉里重揩西望眼，惟有孤鸿明灭。万事从教，浮云来去，枉了冲冠发。故人何在？长庚应伴残月。（《念奴娇·用东坡赤壁韵》）

多年后的一个深秋，隐居瓢泉的辛弃疾偶尔诗兴大发，与苏轼完成了一次超越时空的对话。诗词的唱和听上去动听而感人，既像一位追随者对先贤的崇拜，更是一位老朋友在时光里的应答。在无人可诉的凄苦里，苏轼曾经的慷慨激昂、淡定自如又何尝不是辛弃疾的精神榜样？

用林语堂的话讲，苏轼是一个少有的奇才，他是漫步月下的诗人，是寄情于笔墨的画家，是黎民百姓的好朋友，是悲天悯人的道德家，是假道学说的反对者……诸多身份的叠加让苏轼看上去璀璨辉煌，但说到底，他更是一个本性难改的"乐天派"。

苏轼总是能在最坏的境遇里找到快乐，辛弃疾总是承载着苦难与不甘。诗词上的巅峰对决，苏东坡与辛幼安难分伯仲，人生旅途上的境遇和态度他们也各有千秋。

　　正如苏轼与辛弃疾注定无法相遇一样，这两个伟大词人的人生做派也同样是平行线。我们可以赞扬苏轼的乐观，却也要明白并不是所有人能如他一般通达，更无法因为辛弃疾的悲怆而将他摒弃。

　　每个人都有不同的性情，他们真实地影响着爱他们的人，谁高谁低，历史从来不会给出确定的答案。我们庆幸诗词的世界因他们而精彩纷呈，更庆幸历史因他们而参差多样。他们如同春天里绽放的花朵，颜色各异却充满生机，即便会招来不喜之人的非议，他们也固执地展现着属于自己的颜色，直到花开荼蘼，仍旧坚毅执着，从不退缩。

第六章

将军怨·烈日秋霜里的烟花灿烂

第一节　毫发常重泰山轻

等待一朵花开，往往需要长久的时光，它绽放的瞬间虽然短暂，但只要能将那一瞬间定格为永恒，那么之前长久的成长时光就是有价值的。

带湖的风光是美好的，辛弃疾的思绪却始终无法沉醉在这美景中，喜忧参半是他不变的情感。

不向长安路上行。却教山寺厌逢迎。味无味处求吾乐，材不材间过此生。

宁作我，岂其卿。人间走遍却归耕。一松一竹真朋友，山鸟山花好弟兄。（《鹧鸪天·博山寺作》）

当人间的风景都走遍，辛弃疾似乎只能在"归耕"的日子里结束殷切的期待。或许，松林翠竹才是知心好友，花鸟山石才是可以诉说情怀、无所顾忌的深交知己。

类似这样的词句，辛弃疾写过太多。隐居山林时，他学着古人的样子自我安慰，白日里目不暇接的日常琐事让他暂时抛弃了先前的惆怅。只是，夜幕褪去，辛弃疾的人生理想又悄无声息地浮上心头。夜深人静时，辛弃疾起身走到桌前，用一杆凄冷的笔诉说着内心对朝堂的担忧。

夜月楼台，秋香院宇。笑吟吟地人来去。是谁秋到便凄凉？当年宋玉悲如许。

　　随分杯盘，等闲歌舞。问他有甚堪悲处？思量却也有悲时，重阳节近多风雨。（《踏莎行·庚戌中秋后二夕带湖篆冈小酌》）

　　平静的中秋，本应喜乐为上，可举杯独酌的辛弃疾却在思乡的情绪下想到了北方广袤的失地。家人们不知他悲从何来，不敢打扰他的思绪。等歌舞表演草草结束，辛弃疾礼貌地与众人告辞后，意兴阑珊地回到房间。他仍然期待有朝一日重返朝廷，期待自己不再销声匿迹于无人问津之地。

　　终于，在带湖闲居了十年后，辛弃疾于南宋绍熙二年即公元1191年接到了来自朝廷的任命。这封诏书如同春天里突如其来的暖风一般，只轻轻一吹，原先还刺骨的严寒刹那间便被温暖与和煦取而代之，那些嶙峋的冰凌也化作柔和的春水滋润心田。

　　对于这一次提拔，辛弃疾显然没有预料到，尽管官职依然是以前曾任过的提点刑狱，上任的地点也远在福建，但对于五十三岁的辛弃疾来说，这样的改变已是幸事，其他无关紧要的细节又有何关系？

　　北宋时，福建因为路途遥远而被统治者忽略，如今，这个地方因为毗邻江浙的地理优势而成为南宋朝廷的要塞所在，其地位也自然比江西、湖南等地重要许多。想到这，辛弃疾激动万分，欣然前往的心情也油然而生。

　　更能消、几番风雨，匆匆春又归去。惜春长怕花开早，何况落红无数。春且住，见说道、天涯芳草无归路。怨春不语。算只有殷勤，画檐蛛网，尽日惹飞絮。

长门事，准拟佳期又误。蛾眉曾有人妒。千金纵买相如赋，脉脉此情谁诉？君莫舞，君不见、玉环飞燕皆尘土！闲愁最苦！休去倚危栏，斜阳正在，烟柳断肠处。

（《摸鱼儿·更能消几番风雨》）

粗看这首词，上下两阕写的是古往今来的美人，前段写美人迟暮伤春，后一段则是美人因身边人的妒忌而失宠的悲惨过往。长门赋里的幽怨听上去让人唏嘘，连盛宠中的玉环与飞燕最后也免不了归于尘土的命运。

后宫的闲愁让人难耐，柔美外表下渴望重新被证明的愿望更是强烈。而怀才不遇的辛弃疾正如这深宫里的女子一般，远离朝政却心系国家安危。如今，来自圣上的召唤突如其来，辛弃疾又怎会将它拒之门外呢？

瓢泉的新居刚刚入住不多久，辛弃疾便迫不及待地离开了。诏书下发还未五日，赴任的物品便已准备妥当，即便知道路途遥远、京城里并没有多少人真心期待他的出现，辛弃疾也毫不犹豫。

长久不出门，辛弃疾对各处的道路有些陌生了。他向从京城而来的友人询问路程，友人见他着急索性遣了自己的仆人同他一道前往。

青山连绵，绿水悠悠，辛弃疾坐在马车上，看着逐渐远去的景致，心中悲喜交加。他欣慰于今日的重新受命，可又对之前在朝廷里受到的误解和冷遇耿耿于怀。

弹劾从来不需要确切的理由，诬陷更是朝廷小人的常态。和多年后的第二次出山不同，此时的辛弃疾还没能完全适应朝堂的潜规则。他对是否向权贵低头的问题做了长久的思量，最后得出的答案还是否定的。

东汉时，"强项令"的故事为后人所传颂。董宣作为洛阳县长，面对光天化日下行凶杀人的湖阳公主府奴仆，敢于上前捉拿，即便此时凶手身边站着的是当朝公主，他也无所畏惧。后来，湖阳公主向光武帝告状，光武帝本想处罚董宣的不敬之罪，却被他宁折不弯的品质所打动，并钦赐他"强项令"的名号。

董宣的坚持终究换来了皇帝的信赖，此后洛阳县董宣的府衙前再无人击鼓鸣冤，百姓也终于摆脱了西汉末年的战乱而过上太平的日子。名臣与明君向来是相得益彰的，董宣的坚定和最终的胜利与光武帝开明的作风显然密不可分。辛弃疾在执念的坚持和品质的坚守上自然不比董宣逊色，但光宗却不是汉光武帝一样的存在。

多年的改革让孝宗深感力不从心，当初登基时的计划被现实彻底打乱，他恢复山河的梦想因为手下众臣的懈怠最终变成无望的口号。淳熙十四年即公元1187年，孝宗于大殿上当着满朝文武的面他将手中象征皇权的玉玺禅让给太子赵惇，从此变身为闲居慈福宫的太上皇，不再过问朝政，只一心为高宗守孝。

南宋在没有哀乐鸣奏的平静里度过了朝代的更迭，光宗在孝宗的阴影下战战兢兢，外戚却将这样的变更看成崛起的契机。

如果说孝宗是南宋皇帝里最有作为的人，那么继承他皇位的光宗则可以用平庸来形容。当年，孝宗因为立储一事与朝中老臣多有争执，所以直到他头发花白，赵惇也只有一个皇子的名分，而他对孝宗何时才将位置传给自己更是不能确定。

惴惴不安的日子里，赵惇消沉度日，唯一能做的只有安静地等待。久而久之，他身为皇子的自信与气势被慢慢地消磨，等到登基为王时他懦弱的品格已经成了其人生的基调，登基后李后的干政和外戚专权已是注定会发生的事情。

官场上的失败，给辛弃疾带来过沉痛的打击，他虽然也长了些教训，却依旧不愿变通。"鸿毛重泰山轻"的现象不合常理，可这就是南宋的朝局，他的不肯妥协让这次重新受命有了逆流而上的味道，也为再一次地被罢官埋下了伏笔。

第二节　千古兴亡多少事？悠悠

在古代话本小说里，人们总喜欢把关心民间疾苦的官员称为"父母官"，因为在权势高于一切的封建社会里，唯有心怀慈悲，将民众的安危放在心间的官员才能像父母对待孩子一样地对待普通百姓。

辛弃疾从小受儒学教育，对如何成为一个好官始终有自己的理解。对他来说，让百姓远离战乱是最大的使命，而助他们恢复民生，安居乐业则是最根本的职责。当年在滁州，他身体力行地完成了复兴一方的任务，如今，新到任的福建府已经成了他再度施政的新领地。

与江浙相比，福建并不算富饶，不过，这个与大海比邻的地方却上演着大地主、大官僚称霸的戏码。高度集中的生产模式让百姓负担与日俱增，豪强地主兼并土地，百姓的生存空间受到了挤压，从上到下传递的税赋额度一直没有减少。

入不敷出的土地产量最终带来的只有民不聊生，不堪赋税徭役的百姓只能离开自家的土地，任其荒废，无法离开的人们因为加重的赋税举步维艰，却也只能逆来顺受。

面对这样的混乱局面，朝廷曾经提出清理土地所有权，实行按地征税的经济政策。可惜，由于当年的推行力度不够、范围不全，不到十年，企图限制封建特权、减轻农民负担的改革措施便难以为继。

尤其是闽南一带，当年就因为有何白旗起义没能实行经济改革，所以和其他地区相比福建赋税不均的情况更为严重。于是，辛弃疾的改革之路变得步履维艰。

初到福建，辛弃疾就意识到，自己要推行新政策，切入点在于大官僚与豪强地主。尽管他们代表着封建社会最重要的权势力量，但是为了百姓和心中长久的治世理想，辛弃疾又怎么会在乎得罪这些人？

他多次向朝廷建言，希望能恢复原来的经济措施，同时也提出进行盐法改革的建议。那时福建八州的盐法各不相同，上四州实行官卖法，官运官销；下四州则为产盐之地，实行"钞盐法"。前者因为朝廷的政令修改起来较为困难，所以常常难以满足百姓的实际需求；后者则是在同一盐商贩卖一定数量食盐的基础上，灵活配置用盐数量，尽管这样的方法会对朝廷的税赋产生影响，却更贴近百姓的实际生活。

作为一方长官，辛弃疾肩负着为朝廷收税的责任，可和百姓利益相比，他更倾向于"还利于民"。

他上书光宗，提倡根据人民的需求进行修改，又建议在汀州推行经济改革。

天下之事，因民所欲行之则易为功。漳、泉、汀三州皆未经界，漳、泉民颇不乐行，独汀州之民，力无高下，家无贫富，常有请也。且其言曰：

"苟经界之行，其间条目，官府所虑谓将害民者，官必不必虑也，吾民自任之。其言切矣，故曰经界为上。其次莫若行钞盐。钞盐利害，前帅臣赵汝愚论奏甚详，臣不复重陈。独议者以向来漕臣陈岘固尝建议施行，寻即废罢，朝廷又询征广西更改盐法之弊，重于开陈。其实不然。广西变法，无人买钞，因缘欺罔。福建钞法才四阅月，客人买钞几登递年所卖全额之数。止缘变法之初，四州客钞辄令通行，而汀州最远，汀民未及搬贩而三州之贩盐已番钞入汀，侵夺其额。汀钞发泄以致少缓。官吏取以借口，破坏其法。今日之议，正欲行之汀之一州，奈何因

喧废食耶。故曰钞盐次之。"(《论经界盐钞劄子》)

在《论经界盐钞劄子》中，辛弃疾详细地阐述了他的观点。他认为，天下的事情都是为满足百姓的愿望而执行，只有这样行事才简捷又有功效。漳州、泉州、汀州均没有进行经济改革，而这其中尤其以汀州的百姓要求最为强烈。他们甚至提出令官府担忧的改革条目，影响百姓生活一事他们可以全然承担，辛弃疾完全被他们强烈的情绪所感染。

关于钞盐，他又引用了前臣赵汝愚的论证观点，将先前广西变法失败的原因进行陈述。尽管从奏报上来看，广西的盐法变革是失败的，可福建的情况却与之相去甚远。

光宗在辛弃疾一封又一封奏报的劝说下，终于勉强同意了改革。辛弃疾也借光宗的尚方宝剑，在福建开展了全面的经济改革。

南宋政府的投降主义导致了大量金银外流。给金国朝贡时纳绢纳银的条款让百姓不堪重负，也让抗金斗争没有足够的经济支撑。

那时，福建还居住着两百名赵宋皇家成员，每年耗费的生活用款达三万贯之多。加上部署在福建境内相当数量的军队，每年落在辛弃疾头上需征缴的钱款及粮食数量，不容小觑。

朝廷的指令无法抗拒，百姓的生产状况因为山多民少而入不敷出。作为地方父母官，辛弃疾能做的只能是极力调和上下两头的矛盾。

数月后，见到经济和钞盐等相关措施给民生带来的可喜变化后，辛弃疾又开始注意节俭浮费，把人力物力集中在抗战上，解决了福建多年来都无法解决的财政困难。

除了经济上的除旧布新，辛弃疾在政治上则采取了有利民生的指令，以此安抚动荡中的中下层人民。

一次，汀州发生疑案，辛弃疾听闻后立即带着下属前往当地调查了解。

多年的提刑生涯为辛弃疾积累了丰富的经验，才到当地不久，辛弃疾便摸透了整个案件的来龙去脉。亲自提审后，他将被陷入狱的五十多人全数释放。

顽固派曾对辛弃疾大赦牢狱的行为提出质疑，甚至当场反对他的判决。辛弃疾本就刚正不阿，加上当地百姓只是过分冲动扰乱了官府，并无实际罪名，所以他不留情面地将反对的官员重重责罚后，径直带着释放的百姓走出了府衙。

一场可能引起百姓暴动的案件就这样在辛弃疾的参与下顺利解决了，而他公正无私、待民宽厚的美名也由此传播开来。

人们在他身上感受到了前所未有的清廉之风，曾经对官府的误解与憎恶也在新一任长官的带领下烟消云散。有难解的问题，百姓们会到辛弃疾的府中倾诉；对官府的政策有异议，也会和他请教与讨论。丰收时，人们常常会记着给新长官带去可口的食物，有喜事的时候也会想着请辛弃疾一同分享。

很难想象一个年过五十的人还能够保持年轻时的政治理想。倘若当年辛弃疾刚走上仕途时做出如此举动，人们还会以其血气方刚来解释，但如今三十年过去了，辛弃疾却依然保持着一颗清风朗月之心。

"人之初,性本善",刚从私塾里走出来的学子大多能保持着"以民为本"的朴素思想,但随着年岁的增长,当初质朴的少年慢慢地成为世故的官场老手。于是享乐成了人生理想,对权势的摧眉折腰成了加官晋爵必修的课程。辛弃疾能做到不忘初心,始终如一,除了他持之以恒的高尚品质外,还因为他发自内心地对百姓和国家充满热爱。千古兴亡事悠悠,纸醉金迷的世界或许会被漫漫黄沙覆盖,但深藏于圣者胸中忧国忧民的情怀却总能在尘埃中闪光。

第三节　醉里挑灯看剑

在福建任职对辛弃疾来说,无疑是重新实现理想的重要机会。尽管这里不是毗邻长江的作战一线,辛弃疾的职位也并非武官战将,但这种处境与地位并不影响他一片赤诚的爱国心和优秀的军事才华。

绍熙三年即公元1192年,光宗在接到辛弃疾关于长江上游军事防御部署的奏报后,意外地向他下了一道召见的圣令。辛弃疾原本以为自己的奏报最多就是被当朝主帅偶尔当作参考,不料,层层上报的机制下,他的论断不单直达天听,竟还获得了圣上的青睐。

接到诏令的这一天,年关将近,辛弃疾顾不上即将到来的新春,做好在路上过节的准备后,便马不停蹄地前往临安去了。临行前,闲居在家的陈岘为辛弃疾这次难得的会面赋词一首,词的题目正是后人熟知的《水调歌头·长恨复长恨》。

  长恨复长恨,裁作短歌行。何人为我楚舞,听我楚狂声?余既滋兰九畹,又树蕙之百亩,秋菊更餐英。门外沧浪水,可以濯吾缨。

  一杯酒,问何似,身后名?人间万事,毫发常重泰山轻。悲莫悲生离别,乐莫乐新相识,儿女古今情。富贵非吾事,归与白鸥盟。(辛弃疾《水调歌头·长恨复长恨》)

长恨裁成《短歌行》,为的只是及时行乐。带湖边九畹的兰花、上百亩的蕙草和满眼的菊花都是秋天美好的景致。如此美景下,在酒与功名哪个更为重要的权衡里,功名依然占据上风。

  陶渊明说:"富贵非吾愿,帝乡不可期。"辛弃疾从不渴求富贵,可让他念念不忘的还是受皇命北伐的渴望。仕途上的坎坷不平,让辛弃疾对这一次的召见不抱多大希望,内心依旧沸腾的热切让他迫不及待地想重归沙场。此次前行,结局不可说,辛弃疾拜别好友后,心中回荡的只有一个声音:只要圣上还愿意北伐,自己便责无旁贷地要为挥师北上竭尽全力。

  正月四日,辛弃疾到达建宁,光宗从新春佳节的祭祀典礼上回来后,便立刻在偏殿召见了他。简单的拜会礼节后,辛弃疾呈上了他的《论荆襄上流为东南重地疏》:

  臣窃观自古南北之分,北兵南下,由两淮而绝江,不败则死；由上流而下江，其事必成。故荆襄上流为东南重地，必然之势也。虽然，荆襄合而为一则上流重，荆襄分而为二则上流轻。上流轻重，此南北之所以为成败也。

六朝之时，资实居扬州，兵甲居上流。由襄阳以南，江州以西，水陆交错，壤地千里，属之荆州，皆上流也，故形势不分而兵力全，不事夷狄而国势安。其后荆襄分而梁以亡，是不可不知也。今日上流之备亦甚固矣，臣独以为缓急之际，犹泛泛然未有任陛下之责者。

在辛弃疾看来，荆襄之地是保证南宋朝廷所在地安危的重要防线，也是江浙一带安全的重要保证。上流重，则南成北败；上流轻，则南败北成。若能竭尽全力巩固长江上游的军事力量，那么南宋便可在安全的前提下恢复民生，国力也可有所保障。

准确地讲，辛弃疾的这个观点并不是他独创的。当年与陈亮一同议论国事时，陈亮就曾经就荆襄地区的重要性向孝宗呈书表达。他说："荆襄之地，况其东通吴会，西连巴蜀，南极湖湘，北控关洛，左右伸缩，皆足以为进取之机。今诚能开垦其地，洗濯其人，以发泄其气而用之，使足以接关洛之气，则可以争衡于中国矣，是亦形势消长之常数也。"（《上孝宗皇帝第一书》）

虽然两位好友表述观点的针对对象与时间不同，但从上书的内容却不难发现，辛弃疾的观点代表的正是当时南宋主战派骨干人士的共同认识。

过去的几十年，南宋以北宋传承者的身份占据着江南的大片土地，来自女真族的袭扰让赵家皇帝难以安心为王，臣民也因为皇帝的惴惴不安而夜不能寐。

孝宗刚刚即位时，皇帝与官员们曾经在一时而起的兴致中计划北伐来改变这样的局面，可惜，还未完全准备好的南宋官兵仓促渡河后，终因内部协调不利及作战经验匮乏而败下阵来，孝宗的理想与抱负也只能因此暂时搁置。只是，这样的搁置竟持续到了孝宗禅位。新继任的光宗依旧意志消沉，北方金国的隐患也因此成了纠缠南宋百姓许久的噩梦。

长江防线这道屏障充满了不确定的危机，在兵力有限的情况下，唯一的办法便是纲举目张。而这关系到南宋安危的"纲"，正是临安及整个浙东。

既然此地如此重要，那武力优势并不明显的南宋又该如何用自己的方式守备呢？辛弃疾自然有自己的一套办法。

他告诉光宗："自江以北，取襄阳诸郡，合荆南为一路，置一大帅以居之，使壤地相接，形势不分，首尾相应，专任荆襄之责；自江以南，取辰、沅、靖、沣、常德合鄂州一路，置一大帅以居之，使上属江陵，下连江州，楼舰相望，东西联亘，可前可后，专任鄂渚之责。"

当时，长江上游"泛泛然未有任陛下之责者"，因此，实现固化守备的根本在于"用人"。有了专责的守备将帅，责任明晰后，大家自然会竭尽全力、赴汤蹈火，委蛇推诿、不负责任的作风也会因此而改变。

兵士见到主帅为官勤勉，才会更加卖力地训练；百姓见官兵守城认真，心觉安稳之余也可安居乐业，整个南宋将由此政通人和、太平安康。

对于要北伐的光宗来说，这样的局面显然是他最想看到的。兵家打仗依靠的从来不是蛮力，而是稳固的后备资源和智慧的较量。出征前，皇帝和主帅们的心理准备固然要紧，但战前的准备却更加重要。兵法常道："兵马未动，粮草先行。"辎重物资是否充足往往直接决定了一场战争的胜负，而这样的物资保证自然与民生息息相关。

门外寒冷的气息依然浓重，辛弃疾的胸膛却暖如艳阳，光宗已被这闻所未闻的新鲜言论鼓舞得热血沸腾。他对自己这些年来对辛弃疾的忽略感到愧疚，也对南宋的再次北伐充满期待。只是，当这个皇帝难得想大干一场时，整个朝局的情势却早已不由他一人掌握。

在朝堂上，光宗因为太上皇的存在而丧失了一言九鼎的威仪，在后宫高墙内，皇后李氏的干政又让他成为天下的笑柄。

李氏出身并不高贵，父亲李道虽位拜庆远军节度使，仍旧算不得名门之后。她长相平平，但伶牙俐齿，当年她经由术士皇甫坦推荐给高宗聘为恭王（赵惇）妃时，其秉性上的缺陷尚未体现，而当她因了光宗原配这一层关系而成为后宫之主时，她的嫉妒与刁钻让其成为孝宗、光宗"两宫不睦"的罪魁祸首。

李氏的专横让她成为宫里唯一的霸主，李家的势力在朝堂迅速膨胀，全家老小"鸡犬升天"不说，连家族祠堂也成为卫兵们守卫的重中之重。面对族人如此明目张胆地僭越规制，李氏从来不曾责罚，相反，她却变本加厉地为其图谋显赫权势与巨额财富。

光宗虽对李氏深恶痛绝，但自身不稳定的病情让他不得不将朝政托付给朝臣，李氏也因此取得了全面干政的机会。绍熙三年起，朝廷里的大小事务便多由皇后裁决，大权旁落的光宗只能成为李氏的傀儡，听之任之，无能为力。

一次，光宗因赞许一位侍女的双手生得好看，李氏一气之下竟命人将那宫女的双手砍下，并呈送到光宗面前；又有一次，李氏突然对光宗宠妃处以极刑，光宗气愤之下欲行废后之事，最终还是在满朝文武的反对及皇后的歇斯底里中沦为空谈。

对英雄来说，生不逢时是令人沮丧的，而辛弃疾却总是在命运的捉弄下一再与这样的悲哀不期而遇。当年的孝宗有收复失地的理想，辛弃疾却因为与其政见不合而长久被冷落；如今的光宗虽然对自己建军的理想很是赞许，却懦弱无能，连皇权都难以掌控。

一两句由衷的赞许后，光宗的立场就因为周围的非议而改变了。辛弃疾的建议没能被采纳，光宗也不再提北伐的事情，朝廷又恢复了原先的安逸，"过好眼下的日子"成了朝堂上下的共识。

对于这样的结局，辛弃疾有些失望。好在，光宗依然对辛弃疾的才华与能力十分赞赏，政见被否定后，辛弃疾被任命为太府少卿，半年后，他又被提拔为集英殿修撰。不久后，他成为福州知州兼福建安抚使，重新成为手握实权的一方长官。

　　醉里挑灯看剑，梦回吹角连营。八百里分麾下炙，五十弦翻塞外声。沙场秋点兵。

　　马作的卢飞快，弓如霹雳弦惊。了却君王天下事，赢得生前身后名。可怜白发生！（《破阵子·为陈同甫赋壮词以寄之》）

曾经为了送陈亮前行，辛弃疾写下了这样的词。苦苦追求功名的陈亮终究没能在有生之年成就一番霸业，也无法成为带兵上阵的将军。那一年，在瓢泉边上，他们俩同时对国家的未来担忧，又同时祈祷上苍能够再给自己一次报效国家的机会。

如果此时陈亮在身边定然可以豪情万丈地与辛弃疾附和一首，可惜，那样的日子再也回不来了，能重新回到临安城的只有辛弃疾一人。

和对陈亮讲述的一样，尽管辛弃疾只有在梦里才能重新回到以前的营帐，但那些响亮的军号声和军士们操练的呐喊声却依然在耳边回响。那时的他，心里只想着了却君王天下事，如今，朋友离去，时光荏苒，新上任的辛弃疾所要了却的，不单单是君王的理想，更是好友们的梦想和抱负。

可是，未来又一场"莫须有"的弹劾让他的人生重新陷入颠沛流离的漩涡。

第四节　颠沛流离一生

对每个人来说，颠沛流离的生活总是令人沮丧的，它意味着动荡与不安。在辛弃疾的人生词典里，这种动荡不安的日子却是常态。

在福建时，辛弃疾致力于恢复民生，许多政策与举措都是从黎民百姓的角度出发。然而正是这种利国利民的举动却让他成为贪官污吏深恶痛绝的对象。

官场上的尔虞我诈，辛弃疾已经看过很多，但是再一次遭遇朝臣的排挤，他仍旧无法坦然面对。已经有过一次报国经历的辛弃疾决定辞官归去，可是，如今的他已不是孑然一身，家人成了他不得不考虑的因素。

此时，辛弃疾的儿子也已成年，当听到父亲要解甲归田时，厌倦了清淡生活的他，首先想到的便是阻止父亲回乡。荣华富贵打动不了辛弃疾的心，以高官厚禄为理由劝说父亲留下显然也不可行。思来想去，辛弃疾的儿子终于找到了一个理由，那便是：家中经营多年，却无一处田产可用。

古时，人们对田地有着执着的追求，对他们来说，家里有田就意味着后半生有了依靠。辛弃疾虽然知道儿子的担心有道理，但他还是对此进行了批驳。

吾衰矣，须富贵何时？富贵是危机。暂忘设醴抽身去，未曾得米弃官归。穆先生，陶县令，是吾师。

待葺个园儿名"佚老"，更作个亭儿名"亦好"，闲

饮酒，醉吟诗。千年田换八百主，一人口插几张匙？便休休，更说甚，是和非！（《最高楼·吾衰矣》）

在以往的诗歌作品中，辛弃疾不止一次提到视富贵如尘土的观点，如今他更是用"富贵是危机"这五个字对看似诱人的高官厚禄做出警示。诱惑总让人难以抗拒，辛弃疾能在诱惑的漩涡中清醒地说出这番话来，其内心的清明与淡然可见一斑。

只是，尽管他警觉很高，祸事还是猝不及防地降临到了他的头上。

"莫须有"之罪，除了岳飞，辛弃疾也同样受到了莫名其妙的责罚。与上次的弹劾一样，辛弃疾这一次的罪名仍然是"恶官酷吏，贪赃枉法"。尽管这个罪名在当地老百姓听起来有些可笑，光宗的继任者宁宗却相信了。

官场的瞬息万变总是让人措手不及，辛弃疾还没来得及为自己辩护，便被一纸诏书罢官。这一次辛弃疾不再为落职而自我安慰，因为朝廷这一次剥夺的不单单是辛弃疾身上附加的名号，更是他所处的职位。

七月，黄艾的弹劾使辛弃疾备安库的职位被罢免。宁宗因觉得这样的人物直接放归坊间有些浪费，因此选了个折中的办法，让辛弃疾前往建宁府武夷山担任冲佑观主管，以此挂朝廷良才储备的名号，以备不时之需。

辛弃疾是儒学者，对道教学说的领悟并不太深刻。宁宗的指派听上去有些莫名其妙，不过，与赋闲相比，这个还和朝廷沾些关系的安排，多少也让辛弃疾得到了安慰。

只是，好景不长，才过了两个月，御史中丞谢深甫的又一张弹劾的文书让辛弃疾彻底失去了为官的可能。

　　白鸟相迎，相怜相笑，满面尘埃。华发苍颜，去时曾劝，闻早归来。

　　而今岂是高怀。为千里、莼羹计哉。好把移文，从今日日，读取千回。（《柳梢青·三山归途代白鸥见嘲》）

从福建返回江西的路上，辛弃疾用这首简短的《柳梢青》跟曾经结为盟友的白鸥就自己这一趟出山进行了自嘲。白鸥说："看你华发攀上双鬓，去福建赴任时我便劝过你，还是早些回来为好；如今，你落魄而归，哪里是因为莼羹的美味，你又哪里有放弃官职全身心投入田园生活的心态呢？"

词中运用拟人的手法，天空的白鸥成了通人性的灵物，对辛弃疾的劝解也字字珠玑。如此的感叹语气，虽出自"盟友"之口，但每一句都是辛弃疾的自我哀叹。

久违的上饶又一次成了他慰藉心灵的家园，三年前从这里出发的场景历历在目，如今却好像黄粱一梦一般，再次回到起点。

想到朝堂的失利，辛弃疾的沉闷更甚，但想到在上饶还可以跟好友陈亮一同挥斥方遒，辛弃疾内心稍慰，可惜就连这样一个与好友共度闲暇时光的愿望，上天也未成全他。

"今同甫策大廷，天子亲置之第一，是不忧其不用；以同甫之才与志，天下之事孰不可为？所不能自为者，天靳之年！"风萧萧，夜凄凄，当这世间最知心的好友离辛弃疾而去，他内心的痛楚可想而知。

墙上与好友唱和的词句还在，依稀可辨的记忆在痛楚中被无限放大，辛弃疾头脑一片空白，只有记忆的车轮，无意识地在他们一同经过的荒野、闹市、古庙、小溪间不停滑动。只是，每次当他想看清眼前那人鸿飞一掠的残影时，一切都变幻成空，寻不到，觅不得。醒来时，人世间的一切变成拙劣的演出，哭声、笑声、歌声、琴声，老者、少年、男人、女子，这些都让他感到疲倦。众人兴高采烈，辛弃疾沉迷醺醉，众人于妃色幕帏间潇洒，辛弃疾却突然关上一扇门，逼退自己回到凄枯冷寂的另一个世界里。

在那里，奸佞朝臣的叵测居心无处遁藏；在那里，曾经恢宏的理想熠熠生光；在那里，那个和他一唱一和的陈亮还在。

带湖的静水之上，天上的星星忽明忽暗地闪耀着。幽静的亭子里，辛弃疾想起了当年和陈亮于此处望月的场面。他们举杯邀月，心海的波浪在月色下波涛汹涌；他们倚着栏杆望月沉思，理想的遥远让他们同生感慨。没有寒暄，没有应付，好友之间即便沉默无语也可以顺理成章。只是，记忆还在，好友却天人永隔，思念在酒入愁肠时，化作点点清泪，顺势滑落。

九月，没有花开的繁华，只有叶落的悲戚。祸不单行的辛弃疾在带湖的房子被烧掉后，只得迁往瓢泉居住。

那一湾清澈的泉水，依旧灵秀。对泉水来说，时光似乎是静止的，只要天地没有更改，它们就能一如既往地维持现状。然而，人的世界里时光又怎能忽略不计呢？如今的陈亮，只剩下荒冢白骨。理智的辛弃疾晓得人死不能复生的道理，但思念之下总带着一丝奢望。日落黄昏，辛弃疾独自一人坐在陈亮的坟茔边上，虔诚地祷告，希望空幻虚无的梦能让他再见好友的英魂。

不过，他的这个愿望注定只能落空，只能从好友离世的伤心漩涡里艰难地站起来。

第七章

戎马事·时势造就悲情

第一节　将军百战身名裂

回望成功者的经历，那些让他们成长为强者的磨砺常常是不期而遇的。没有人希望自己的人生充满坎坷，也没有人愿意自己前往目标的道路充满荆棘，于是，善于把握跌宕起伏的命运并从中脱颖而出的人总会成为后人称颂的对象。

宋宁宗嘉泰三年即公元1203年，在家赋闲了九年之久的辛弃疾又一次接到了朝廷的任命。刚知道朝廷要自己去绍兴当知府时，辛弃疾本能地愣住了。对他来说，朝廷与他已经绝缘已久，尽管带湖四周来自朝廷的消息以及熟人们对朝政的议论不绝于耳，但辛弃疾却很难想象自己再次回归朝廷的模样。

之前数次被皇帝冷落的经历让辛弃疾懂得了朝廷的规矩，自己已闲居多年，更不用说上一次的落职是因为言官在圣上面前对自己的弹劾。

先前陈亮的下狱让他感到恐惧，相比好友的落魄境地，自己能够在带湖边安稳生活已是幸事，尽管他的胸中沸腾着从未熄灭的报国火焰，但他也暗自下定了长久等待的决心。

仅仅九年，他便得到了皇帝的再一次召见，此时皇帝的做派和处事风格已全然不同。辛弃疾不知道自己能否适应新环境，但是这绝对不是他可以拒绝皇帝的理由，真正让他忌惮的是这张诏书的发起者——时任宰甫的韩侂胄。

关于韩侂胄，历史学家的评论褒贬不一。有人认为他禁绝程朱理学符合他当时改革的举措，有人认为他对思想的禁锢和打压，与当年秦始皇焚书坑儒类似。总之对于辛弃疾而言，韩侂胄于公于私都是令他不喜的人物。

处江湖之远，辛弃疾并没有终止自己对朝廷的关注，从朋友那里听到的关于韩侂胄的消息，让辛弃疾隐约间觉得这个人并不好对付。后来，直到朱熹因为韩侂胄的缘故沦为阶下囚时，辛弃疾更敏锐地感觉到韩侂胄身上的戾气。

宋史说，韩侂胄之所以要将辛弃疾、陈谦等已被废除的大臣重新起用，其原因在于他想"以势利蛊士大夫之心"。那么曾经权倾朝野的韩侂胄为什么突然间要改变自己一贯的方略呢？

从严格意义上来讲韩侂胄并不算是能臣，因为他是靠与赵宋皇家的裙带关系上位的。当年宁宗的曾祖母宪圣太后吴氏和皇后韩氏先后去世，这两人中，一个是韩侂胄的姨母，另一个则是韩侂胄的侄孙女。吴皇后当年是宋高宗的正室，高宗去世后她见证了南宋的皇权变迁。孝宗的雷厉风行、光宗的退位和宁宗的上台，这些往事都在她的眼前一一上演。虽然她没有武则天那样的强权，也不像后世慈禧那样霸道，但是作为宫中少有的老人，吴太后的地位无疑是不容小觑的。

当年，赵汝愚逼光宗退位，韩侂胄便凭借裙带关系参与其中。后来赵韩二人关系剑拔弩张，韩侂胄更是因为这层关系大获全胜。侄孙女是当朝皇后，韩侂胄成为众位大臣中最具有发展潜力的官员，后来他毫无疑问地成了当朝首辅。

可惜这样的日子并没有维持足够长的时间，韩侂胄尚在朝中，年轻的皇后就早早离世。原本，韩侂胄以为宁宗对自己会有所倚重，或是看在已故皇后的份上继续维持现状。可是，当宁宗再次拥立新皇后的时候，韩侂胄悲哀地发现自己竟然站错了立场。

当时宁宗有两位宠爱的妃子，杨妃读书虽少但是喜欢玩心机，曹妃出身名门性格也偏温和。一开始宁宗询问韩侂胄究竟该立谁为妃，韩侂胄因曹妃更好控制便极力推荐了后者。只是人算不如天算，最后宁宗还是选择了立杨妃为后。

皇帝从来没有家事，简单的后宫更替却带动了一波权力的更迭。那些与杨妃关系紧密的官员立刻得到了提拔，韩侂胄先前不可动摇的地位受到了威胁。

当然，以韩家的实力，些许小变动并不能给他带来致命的打击，真正让他感到担忧的，是朝廷中士大夫的人心变动。

党禁之后，朝廷很长一段时间没有异动。一开始韩侂胄非常满意，但是慢慢地，他却发现这种安静里隐藏的是不可言说的危机。宁宗是韩侂胄一手扶上位的，那时宁宗的年纪并不算大，偶尔还会显出孩子脾气。比如说有时他会旁若无人地吃一些零食或者在屏风后面与韩侂胄窃窃私语。

别人眼中威仪四海的皇帝在韩侂胄眼里就是一个小孩子，他觉得自己照顾皇帝是分内的事情，甚至当他逾越权限帮皇帝批阅奏折时，他都自信满满地认为自己是在帮皇帝分忧。不过，这样的事情显然逃不出"以礼至上"的士大夫的眼睛。

片刻的宁静后，终于有人上书给宁宗，以"无君之心"为名弹劾韩侂胄。

听上去这个罪名似乎是在指责韩侂胄没有为皇帝分忧，其实这句话意思是说韩侂胄并没有将皇帝放在眼里。

刚听到这样的罪名时，韩侂胄觉得自己非常冤枉，仔细一想，他猛地惊出一身冷汗。

在封建王朝中，谋反是罪大恶极的行为。如果说，辛弃疾和朱熹等人的罪名顶多被判流放，那么，韩侂胄这一条罪名如果大做文章，那绝对是要诛九族的。诚然，韩侂胄有权倾朝野的野心，但他却完全没有将皇帝取而代之的想法。毕竟自己能上台全托了这裙带关系，"皮之不存，毛将焉附"，他何苦自毁前程？

经过一场极力的辩驳，韩侂胄总算摆脱了自己的罪名。弹劾者也因为诬陷的罪名而锒铛入狱。这是一个不错的结局，却绝对不是圆满的结局。回到家中，韩侂胄突然想起好友曾经的劝诫。朋友说，党禁虽然轰轰烈烈，十分壮观，可一场争斗下来，韩侂胄赢得了手上的权力，失掉的却是天下读书人的心。

当时好友关于妥善改变同士子之间关系的建议并没有被韩侂胄所重视，如今想起来，他终于发现自己犯了个巨大的错误。

就这样，韩侂胄像变了一个人一样，那场由他掀起的"道学党禁"也仿佛一夜间与他毫无关联一般。他向皇帝谏言，希望把贬黜到各地的能人志士召回朝中，同时，他还意气风发地提出了北伐的建议,认为作为大宋之人,朝廷上下都不应忘记"靖康之耻"和后来的国难。

宁宗有些莫名其妙,朝中的大臣也丈二和尚摸不着头脑。正当所有人面面相觑的时候,韩侂胄已经将手上那一卷写满了人名的奏章献给了宁宗。一向对韩侂胄言听计从的宁宗习惯性地没有拒绝,于是朱砂笔一挥,整个朝廷的面貌焕然一新。

在这一场为韩侂胄赢得民心而发起的活动中,辛弃疾显然不是最紧要的人物,不过,只要是和北伐相关的事,辛弃疾就不可能被埋没。此时的他已经闲居多年,没有朝廷官职的他在皇帝看来是闲云野鹤,在抗金志士的心目中却是高山一样的存在。由此看来,他重新回到临安也是情理之中的事情。

西湖万顷,楼观矗千门。春风路,红堆锦,翠连云。俯层轩。风月都无际,荡空蔼,开绝境,云梦泽,饶八九,不须吞。翡翠明珰,争上金堤去,勃窣媻姗。看贤王高会,飞盖入云烟。白鹭振振,鼓咽咽。

记风流远,更休作,嬉游地,等闲看。君不见,韩献子,晋将军,赵孤存。千载传忠献,两定策,纪元勋。孙又子,方谈笑,整乾坤。直使长江如带,依前是、保赵须韩。伴皇家快乐,长在玉津边。只在南园。(《六州歌头·西湖万顷》)

久违的西湖在群山的怀抱中透着迷人的景色,辛弃疾的心情似乎也被这湖水所感染,挥毫泼墨间他一扫往日的阴霾,将平日用典时信手拈来的悲情英雄改成了志得意满的当朝官员。

"千载传忠献,两定策,纪元勋",韩侂胄祖父辈的事迹在辛弃疾的笔下成了可以与先贤媲美的壮举,习惯了辛弃疾文风的人们阅读到此处不由得满腹疑云,升起一种不可思议的情绪。

歌功颂德并不是辛弃疾诗篇常有的内容,除了那些政治抱负与自己相同的传世名臣,辛弃疾极少对同时代的人加以歌颂,即便当时是孝宗当朝,他也从未写过赞颂他的诗篇。

韩侂胄因为辛弃疾的奉承满面欢笑,文人们却因为他的一反常态而嗤之以鼻。

临行前,辛弃疾与相熟的人们辞行,其中不乏期待驰骋沙场的年轻人。得知辛弃疾要重新回归朝廷,年轻人们无不欢呼。畅谈间,众人把酒言欢。辛弃疾本就爱酒,见气氛如此热烈,自然更是动容。他举杯豪饮给年轻人们鼓励,也为即将出发的自己壮行。只是,刹那的欢乐仍难掩心中的惆怅。

> 绿树听鹈鴂。更那堪、鹧鸪声住,杜鹃声切。啼到春归无寻处,苦恨芳菲都歇。算未抵、人间离别。马上琵琶关塞黑,更长门、翠辇辞金阙。看燕燕,送归妾。
>
> 将军百战身名裂。向河梁,回头万里,故人长绝。易水萧萧西风冷,满座衣冠似雪。正壮士、悲歌未彻。啼鸟还知如许恨,料不啼清泪长啼血。谁共我,醉明月?
>
> (《贺新郎·别茂嘉十二弟》)

听着绿树荫里鹈鴂叫得凄恶,更令人悲伤不已。鹧鸪鸟"行不得"的啼叫刚住,杜鹃又发出"不如归去"悲切的号呼。一直啼到春天归去再无寻觅处，芬芳的百花都枯萎，实在令人愁恨、痛苦。算起来这桩桩件件也抵不上人间生离死别的痛楚。汉代王昭君骑在马上弹着琵琶，奔向黑沉沉的关塞荒野，更有陈皇后阿娇退居长门别馆，坐着翠碧的宫辇辞别皇宫金阙。春秋时卫国庄姜望着燕燕双飞，远送休弃去国的归老。

汉代名将李陵身经百战，兵败归降匈奴而身败名裂。到河边桥头送别苏武，回头遥望故国远隔万里，与故友永远诀别。还有荆轲冒着萧瑟秋风，慷慨悲歌无尽无歇。啼鸟若知人间有如此多的悲恨痛切，料想它不再悲啼清泪，而总是悲啼着鲜血。如今嘉茂弟远别，还有谁与我饮酒共醉赏明月？

送走客人，欢愉的时光戛然而止。早晨好友送来的韩侂胄的书信还在窗台上搁着，辛弃疾只匆匆瞥了一眼，心便沉了下去。他跟好友们都忘不掉当年的那场政治斗争，更不会忘记朱熹的下场。

对他们来说，韩侂胄是一辈子要敬而远之的人物，不论他脸上的面具是白是黑，只要他在朝一日，这些曾经受到迫害的学子就不会重新踏入庙堂一步。

在闲暇的日子里，辛弃疾与朋友们一同咒骂朝廷的黑暗与官吏的腐败，朋友们将他当作知己，辛弃疾也为自己能结交到这些朋友而感到高兴。

韩侂胄书信到来的那一天，好友们自信辛弃疾必然会果断地拒绝来自奸臣的橄榄枝，却不料辛弃疾作出了与之相反的决定。

就这样，惺惺相惜的友谊因为一封书信而结束。辛弃疾从此成了好友们嘲讽的对象，他在西湖边上挥洒的词作也已因此成了"阿谀奉承"的证据。只是，辛弃疾这样一个被看作背信弃义、趋炎附势的人，他内心的苦楚与悲凉，又有何人能知晓呢？

辛弃疾从来不是贪慕富贵的人，他说"富贵浮云，我评轩冕，不如杯酒"，更说"富不如贫，贵不如贱"。年少时，祖父在金国的地位让他对功名利禄习以为常，在他眼里，这些金光闪闪的东西不过是附加的身外之物，报国的壮志得偿所愿才是大丈夫在世最本质的追求。

跨过长江来到南宋朝廷的时候，他的这个想法从未改变，即便面见孝宗时他可以用溜须拍马获得皇帝的青睐，他依然选择了直言不讳。原本，他想这样坚持到底，可早已根深蒂固的官场秩序却不给他任何施展的机会和空间。

剿灭茶寇后，辛弃疾以为自己的能力能被众人赞许，可皇帝对他的态度却没有变，自己征战沙场的理想也没有重新燃起的可能。如果说辛弃疾的执着与坚持是嶙峋的山石，那么，官场上的风云变幻就是将他的棱角磨去的山风。

不知不觉间，辛弃疾原本的执拗开始动摇，他不再被动地停留在自己的世界里等待别人的改变，而是利用一切可能为实现自己的壮志豪情创造机会。

从这个层面上看，韩侂胄的召唤虽然另有所图，却变相成就了辛弃疾，为他带来了重新迈开步伐的机会。

所谓"大丈夫，能屈能伸"。当年在金国，辛弃疾就是顶着"叛徒"的罪名行走于女真统治者的贵族圈,甚至还与叛国投敌的蔡松年成为莫逆之交。如今,他正大光明地站在南宋的大地上,为什么不能踏上韩侂胄这块踏板,去实现他胸中始终不曾熄灭的理想之火?

国难家仇尚能忍耐,一个当道的奸臣有何惧?对他来说,抗金北伐的意志是不可动摇的,相比之下,宋人间的权力争斗更是无足挂齿。正如他同好友黄榦说的那样:"国且自伐,何以伐人?"一个国家如果因为内讧而动荡,又有什么资本与外族作战呢?

历尽沧桑,辛弃疾不再冲动,他早已看淡了朝堂上的尔虞我诈,更将文人相轻的误解挥手抹去。壮士暮年,但壮心不已。

第二节　沙场、号角与马鸣

每个怀揣正义的文人心里,都有一个治国安邦的梦。这个梦,可以是为民造福,也可以是驱除鞑虏,建军立制。

到浙东时,已经经历了两次罢官的辛弃疾其实可以选择混日子,安度余生,毕竟,此时的他已是白发老者,即便斗志昂扬也难有志同道合者愿意听他这垂暮之年的言论。可是,对辛弃疾来说,抗金是他人生不虚度的唯一意义,所以不论何时,只要有机会他便会锲而不舍地为抗金斗争建言献策,哪怕无一人听闻他也会拼尽全力,以了英雄心事。

此时的金国已经没有完颜雍这样的圣主了，北方蒙古族的崛起更让这个国家感受到了前所未有的压力。宋、金两国交战多年，南宋的官员们不可能察觉不到这种变化，于是渐渐地，朝廷里对金国所怀的恐惧情绪慢慢缓和下来。

南宋庆元六年即公元1200年，辛弃疾尚未被启用，但金宋两国外交中的一场小风波却体现出了宋朝人对金态度的转变。那一年，出使金国的使臣名为赵善义，他带领随从前往金国朝奉的理由仅仅是为庆祝金国皇帝的生日。这一天，所有的礼数都和以前别无二致，按部就班完成所有仪式后，赵善义驱车返回自己下榻的馆驿。

原本，赵善义打算客客气气地与金人拜别后，回自己的房间休息，第二日便返回南宋。岂料，才将马车停于门口，金人的叱责便随之而来。在金人看来，只有金国的达官贵人才能将马车停在驿馆门口，而赵善义作为南宋的使臣，因为母国地位低下，所以连在此处停车的资格都没有。

赵善义不是好战之人，但听人如此嘲讽，也不禁火冒三丈。一气之下，他与金人争吵起来，相持不下时，赵善义说了一句话让所有人都瞠目结舌。他直言不讳道："金朝如今已被北方的蒙古折磨得焦头烂额，你如此与我争斗，莫不是想要我大宋同时起兵，与蒙古南北夹击金国吗？"

这本是一桩小事，争吵最后以南宋朝廷对赵善义出言不逊施以处分告终。宋人虽感到气愤，却不像从前一般沮丧；金人在得意洋洋之余却也因为情势的变化而隐隐担忧。

局面如此变化，对长期处于金国阴霾下的南宋来说其实是可喜的，南宋朝野上下议和的风气开始有了微妙变化的倾向。远居他处的辛弃疾自然没能及时感受到这样的变化，但当他重回临安，很快便发现朝堂上萦绕着那种久违的、曾经盛行于孝宗即位之初的那种主战氛围。

此时，权倾朝野的韩侂胄是朝廷里首屈一指的风向标式的人物，朝堂内充斥着关于北伐的争议，只要韩侂胄一声令下，便可立刻产生众口一词的和谐画面。辛弃疾知道韩侂胄地位的重要，也知道他当下主张北伐的态度。于是，到镇江时，他便迫不及待地将九年前未能完成的北伐规划重新拾回囊中。

在三国时期，镇江就已经变得很繁华了，当这个名字开始被后人广泛传颂时，这里的历史古迹及耳熟能详的典故经常出现在文人的诗篇中。镇江之北的北固山看上去并不壮观，然而当年孙刘两家就在此处的甘露寺联姻的。赤壁之战的烽火将天下局势变为三足鼎立，也承载着辛弃疾心向往之的理想。

> 凡战之道，当先取彼己之长短而论之，故曰："知己知彼，百战不殆。"

> 今土地不如虏之广，士马不如虏之强，钱谷不如虏之富，赏罚号令不如虏之严，是数者彼之所长、吾之所短也。然天下有急，中原之民袒臂大呼、溃裂四出、影射响应者，吾之所长、彼之所短也。

> 彼沿边之兵不满十万，边徼远阔，乘虚守戍力且不给，一与吾战，必召沙漠。吾之出兵也在一月之内，彼之

召兵也在一岁之外，兵未至而吾已战矣。此吾之所长、彼之所短也。

吾之出兵也官任其费，不责之民，缓急虽小取之，不至甚病，虽病而民未变也；彼之出兵也，一仰给予民，预索租赋，头会箕敛，官吏乘时掊克，夺攘其财，斩艾其命，而天下大乱矣，虽有严法，不知而禁。此吾之所长、彼之所短也。

彼逾淮而来，长江以限之，舟师上临之，不过虏吾民、墟吾城，食尽而去耳；吾逾淮而往，民可襁负而至，城可使金汤而守，断其手足，病其腹心。此吾之所长、彼之所短也。

彼之所长，吾之所短，可以计胜也；吾之所长，彼之所短，是逆顺之势不可易，彼将听之，以为无奈此何也。故以形言之，是谓小谋大，寡遇众，弱称强；以情言之，则其大可裂也，其众可蹶也，其强可折也。举天下之大事而蔽之以一言，曰："攻其无备，出其不意。"是谓至计。

（《九议·其三》）

在辛弃疾看来，南宋的兵力虽然不如金国，但和四散于北方的女真部队相比，宋人的队伍更加集中。加上中原人民的支持，宋朝的队伍在天道伦常方面具有与生俱来的优势。同时，宋朝在经济管理方面比金国更为合理，资金的顺畅运转为打仗提供了良好的后备保障，也为进行长久的持续战争提供了可能。金国幅员辽阔，军事纵深好，南宋以往全线进攻、以寡击众的做法显然不可取，倘若能抓住金兵不擅舟船的弱点，以长江为防守，集中兵力、各个击破，金国远距离调兵迟缓等弱点便会一一暴露，宋兵数量上的劣势也会因为配置上的灵活变成优势，克敌制胜的愿望也指日可待了。

相比文学，辛弃疾似乎更喜欢先人们传承下来的兵法。这些书籍在给他带来前所未有的智慧启迪的同时，也让他有了获取抗金斗争胜利的信心和勇气。他活灵活现地运用了孙子"知己知彼，百战不殆"的教诲，将南宋的现状与金国的局势做了详尽的对比，从而辨出彼此的优势与劣势，为出兵北伐做出了全面、良好的分析总结。

在镇江的日子里，辛弃疾将自己的体会写入奏折呈报圣上，他认为《孙子兵法》中"善战者，致人而不致于人"的方略是最适合当下局势的，也相信做到这一点就一定能让女真部队丢盔卸甲。奏折尚未得到回音时，他便在自己的作战部署图中，将分派兵马虚张声势，引敌分兵来攻的场面反复演练，希望能在下一次的面圣中将自己的想法和盘托出。

好在这一次的等待没有先前那样长。不多时，辛弃疾便接到了韩侂胄召集入京的诏令，他赶紧收拾好家中的物件，郑重地将自己这段时间撰写的心得放在行囊中后，便向好友陆游拜别。

只是，令他意想不到的是，一直以来同自己志同道合的陆放翁却对他此行北上进京表示质疑，辛弃疾也因为好友态度上的变化对前途担忧起来。

第三节　生命里最好的时光

自古以来,知音难觅。人似乎生来就不能孤独前行,就好像"人"字的一撇一捺,缺了哪一笔,这个字都会倒下。茫茫尘世中虽然也有喜欢清静、喜欢独处的人,但即便是最深居简出的"隐士",也还会有一两位挚友伴其闲暇时吐露心声,互相倾诉。毕竟,谁也无法真的做到从生到死,一言不发。

在中国传统文化里,"和"字有着非同寻常的意义,以和为贵,既拉近了人与人之间的距离,也为平日里友人的相处立下了不经意的尺度和准则。与为某事争论得面红耳赤相比,人们相见时更热衷于营造相互尊重、相互欣赏的氛围。

于是,觥筹交错间,人们喜欢在高谈阔论中找寻共同点,并将其放大,直至达到燃点。

知音为数寥寥,天然去除雕饰的友谊更是难能可贵,当辛弃疾和陆游相遇时,即便彼此的双鬓都沾满了时光的印记,他们的唱和仍然无比动听。

在中国传统文化里,诗歌与历史总是密不可分的。陆游的作品被后人称为"诗史",他和辛弃疾之间的惺惺相惜也让后人读来唏嘘。

何处望神州?满眼风光北固楼。千古兴亡多少事?悠悠。不尽长江滚滚流。

年少万兜鍪,坐断东南战未休。天下英雄谁敌手?曹刘。生子当如孙仲谋。(《南乡子·登京口北固亭有怀》)

在辛弃疾的众多词作中,写到北固亭怀古总共有两次。巧合的是,这两篇可以成为巅峰之作的词作均和孙仲谋有关,也都是在辛弃疾驻守镇江时写下的。

嘉泰三年即公元1203年,名满天下的陆游和同样名传四海的辛弃疾在浙江绍兴山阴的一所草堂相遇了。那时,陆游刚从都城临安回到故乡,辛弃疾则因为朝廷的任命,刚到绍兴府上任一个月。

三年前,辛弃疾在福建就职时曾经在空闲之余前往朱熹所在的武夷山与其相会,如今到了绍兴境内,他自然不会忘记前往陆放翁这位名士家中拜访做客。

年过古稀的陆放翁白发苍苍,却精神矍铄,他紧紧握着小他十五岁的辛弃疾的双手,眼中饱含着的是对世事沧桑的感慨和对知音难觅的唏嘘。

在绍兴府听到陆游的名字时,辛弃疾并未感到陌生,尽管他与陆游从来没有交集,但他在江西闲居时,陆游那首名动天下诗作却一度成为他的精神依托:"世味年来薄似纱,谁令骑马客京华?小楼一夜听春雨,深巷明朝卖杏花。"(陆游《临安春雨初霁》)

十几年前,年过六十的陆游在多年蛰伏后因为朝廷的又一次任命重新走上政治舞台。他在西湖边上看着满眼春色,用简单的文字写下了心中的喜悦,那种终于等到天明的豁然开朗之感给他的内心洒满阳光。

关于陆游,世人最津津乐道的莫过于他与前妻唐婉之间的动人故事。"小轩窗、自梳妆，举案齐眉里"，陆放翁与爱妻之间的缱绻柔情暗合了文人的或浪漫、或小资的情怀。只可惜，情投意合的爱情终不能善终，情场失意的陆游也并没有因此换来事业上的得意。

生逢北宋灭亡之际，陆游的一生似乎从一开始就注定要与国家的命运捆绑在一起。从小，陆游就因为家庭教育的熏陶而心怀匡扶北宋天下的使命感。他天资聪慧，文采卓越，十二岁便能作诗词，撰写的文章也常常受到毛德昭、韩有功等名师的赞许。

绍兴二十三年即公元1153年，陆游以儒生的身份参加了礼部的考试，才华出众的陆游拔得头筹，成为当场考试的第一名。然而，就是这样一场尘埃落定的考试因为秦桧的干预演变成权利的角逐。见自己的孙儿秦埙名次居于陆游之后，权倾一时的秦桧勃然大怒，他大声斥责主考官，不顾考场规矩，强行将陆游的名字除去，并蛮横地定下任何考试均不得录用陆游的禁令。

就这样，陆游因为自己的出色惨遭淘汰，秦桧的孙子却因为祖父的权势成为考场上最大的赢家。被秦桧视为嫉妒对象的陆游仕途从此多舛，起起落落、跌跌撞撞了许久，他依然是无名小卒，生活的质量也没有得到太大的改善。

五年后，当秦桧终于在全国百姓的怒骂声中离世时，陆游也从长久以来的禁锢中得到解脱。在高宗在位的剩余时光里，陆游先后被任命为福州宁德县主簿、京师敕令所删定官等职务。后来，陆游因为仗义执言获得高宗喜爱，成功弹劾了"权势日盛"的禁军统领杨存中，高宗又封其为大理寺司直兼宗正簿，使其成为南宋司法负责人之一。

春风得意的陆游以为自己的仕途终于开始一马平川了，但当他毫无顾忌地向新一任皇帝孝宗奏明自己关于讨伐金人的政见时，皇帝的不予理睬让他刚刚冲上云霄的壮志与雄心一下跌落到了谷底。

和辛弃疾一样，陆游从来都主张对金作战，而且他同样不赞同急功近利的冒进行为，希望孝宗在整饬吏治、固守江淮后，再徐图中原。可惜，当时的孝宗期待的是一场毕其功于一役的会战，陆游循序渐进的长远之计显然和孝宗短线作战的思路背道而驰。

隆兴元年即公元1163年，宋孝宗以张浚为都督启动了蓄意已久的"隆兴北伐"，陆游虽然并未得到皇帝的重视，却因为对北伐的期待而异常雀跃。他先后寄了多封书信给张浚，将胸中的破敌之策倾心相告，张浚虽对陆游的献策表示肯定，但这场轰轰烈烈的北伐终究还是因为主副将领的不睦而以失败告终。

兵败后，孝宗的心情抑郁到了极点，陆游却因为小人的告密而成为孝宗发泄怒火的出气筒。那时，龙大渊、曾觌执掌朝政大权，陆游因对二者一手遮天的做法感到不满而向枢密使张焘抱怨了几句。不承想，好友之间茶余饭后的闲聊调侃竟成了张焘告密的资本，孝宗本就心情不悦，闻听朝中有人妄议朝局，怒而对"始作俑者"严惩不贷。

就这样，陆游因为一句平日里的议论被贬黜至建康府为通判。不久后，一纸诏书又将陆游身上的官职全数剥夺。乾道元年，陆游成了一个赋闲在家的平民。

官场的沉浮起落本是寻常事，但陆游与辛弃疾的官场经历却出奇地相似。同样是意气风发的少年，同样希望挥师北上，同样在官场遭受弹劾，同样被一道圣旨剥夺了官职，打回了"原形"。闲居在家时，辛弃疾对孝宗的不信任很是不理解，但只要有来自京城的消息，他依然会情不自禁地投入所有的心思与精神，而陆游又何尝不是如此？

官场上的尔虞我诈让他心灰意冷，但只要北伐的路尚未走完，他便无法真正地隐居山林。当听说王炎驻军南郑，并召其公干时，陆游二话未说便带着家眷欣然前往。虽然，这支军队不是正规的朝廷部队，王炎也只是幕府编制，但陆游却为自己还能为抗金出力而兴奋不已。

每天，他和士兵一起早起晨练，用过早饭后，他又马不停蹄地前往王炎的营帐中就如何用兵出谋划策。王炎对陆游的到来十分欣喜，更为他抗金的决心所折服。尽管后来王炎因为孝宗的召见回京，这个承载着陆游梦想的幕府也因为王炎的离开而解散，但这段短暂的军营生涯却是陆游与前线唯一的一次亲密接触，更是他与理想最接近的瞬间。

其后的几年，陆游淡然地经历着他的宦海沉浮，尽管高官厚禄与恬淡宁静交替出现，但真正能将他的理想与热血重新点燃的只有最后那次来自韩侂胄的举荐。

尽管韩侂胄在当时是家喻户晓的"奸臣",尽管天下文人都对他发动的那场"道学党禁"义愤填膺,但陆游还是应了他的召唤回到京城,渴望再次为抗金北伐贡献自己的力量。

　　嘉泰二年即公元1202年,赋闲十余年、已然七十七岁高龄的陆游重新出山。身体上的微恙阻挡不了他的热情,充满内心的欣喜让沿途的风霜变得不再凄寒。

　　好友杨万里得知陆游重新回归朝廷的消息后,写了一封长信向他表示问候。一开始,好友的思念穿透纸张,让陆游感受到了久违的温暖,谁知,感动还未消散,杨万里的话锋立刻转为对他的驳斥:"不应李杜翻鲸海,更羡夔龙集凤池!道是樊川轻薄杀,犹将万户比千诗。"(杨万里《寄陆务观》)诗中典故娓娓道来,杨万里的斥责也滔滔不绝。他谴责陆游为小人所用的行径,更对他的"趋炎附势"表示不理解。在杨万里看来,韩侂胄可谓天下读书人的敌人,陆游既是儒家弟子,便应懂得洁身自好,不与这样的小人同流合污,如他这般为了官场名利而依附权贵,丢失的不仅是他自己的脸面,更是天下读书人的颜面。

　　陆游倚在窗边,双手颤抖着将书信念完,满怀的喜悦因为书信的转折而被悲哀覆盖。身处官场多年,陆游又怎会不知韩侂胄的秉性和与天下儒生为敌的立场呢?当时,一场道学党禁让多少饱学之士蒙冤受辱,尽管皇帝后来为赵汝愚、朱熹平反,但逝去的贤者却再也无法回来,那些曾经的信任也因为如此波折而岌岌可危。但他的心情又有谁能理解?

清平的日子并不可怕，多少年过去了，陆游早已悟出了自得其乐的精神法则，荣华富贵也好、身居高位也罢，这些附加的身外物都不能带给陆游多少真心的快乐。但在韩侂胄的信件里，抓住陆游心神魂魄的并不是他许诺的高官厚禄，而是他主张北伐的政治观点。

多少年过去，陆游可以忘记脚下曾经的风景，可以忘记所有荣耀与悲凉，甚至连唐琬的笑容都可以用模糊的影像取代，但无论年轮如何一圈圈增加，年少时深埋在心中的"光复中原"的理想却无论如何也不会消散。过去的数十年，陆游遭受的打击与排挤并不在少数，他失落过、沮丧过，却从来没想到在人生迟暮之年竟然能迎来实现人生理想的曙光。这样难得的机会是上天的眷顾，更是陆游祈求的结果，面对难得而又令人心动的契机，又有谁能轻言拒绝呢？

韩侂胄先前的政治失利让他失去了读书人的支持，举步维艰时，他不得不重新考虑自己的处境。号召北伐是他博取主战派人士支持最好的筹码，政令一出，不单是陆游，包括辛弃疾在内的其他分散于各地的抗金志士也相继在韩侂胄北伐举措的吸引下出山。一时间，宁宗统治下的南宋朝廷恢复了隆兴年间孝宗刚刚即位时的气象，志向远大的壮士们遥望北方的失地，再度心生报国的宏愿。

可惜，宁宗终究不是孝宗，政治上的观望与附和让他成为韩侂胄最合适的傀儡。一场靠北伐口号赢得民心的政治闹剧过后，满怀期冀的人们发现韩侂胄"打到长江对岸"的号召仅仅只是口号而已。辛弃疾失望了，陆游也因为身陷烦琐的修编史料的工作中彻底失去了等待的耐心。

一年后，当陆游完成了孝宗与光宗当朝的史书修编后，他轻轻拂去京城的繁华，悄然离开临安，顺着一叶扁舟回到他的故乡。

陆游返回绍兴老家还不到一个月，辛弃疾就被任命为绍兴知府兼浙东安抚使，他与陆游期待已久的会面也由此得偿所愿。

四十多年前，陆游曾经在好友那里听闻了辛弃疾生擒叛将张安国，并策马南下率部南归的壮举。在高宗的称赞声中，三十七岁的陆游为这位年纪轻轻就已经在抗金斗争中取得非凡成绩的少年郎感到钦佩与羡慕。

多年来，他一直渴望自己能像岳飞那样披甲上阵，直捣黄龙，可惜，文人出身的他无法像武将那样冲锋陷阵，即便他想随军成为谋士，孝宗也未曾对他有过半点信任。

如今，七十三岁的陆游更无法扛枪上阵了，好友范成大等人的相继离世更让他感受到世事无常，晚景凄凉。就在他对外在一切即将放弃的时候，辛弃疾的到来可以说为他的暗夜点亮了一盏明灯，绍兴的闲居日子也因此成了陆游后半部人生中最好的时光。

烛火摇曳，清风扑面，辛弃疾与陆游坐在破旧的草堂里畅谈人生、讨论战事，即便那些关于国土沦丧的感叹注定是空谈，即便那些关于破敌的良策也注定是纸上谈兵，但这两个爱国的壮士却依然能在这份热切与激愤的支撑下彻夜不眠。

> 和戎诏下十五年，将军不战空临边。
> 朱门沉沉按歌舞，厩马肥死弓断弦。
> 戍楼刁斗催落月，三十从军今白发。
> 笛里谁知壮士心，沙头空照征人骨。
> 中原干戈古亦闻，岂有逆胡传子孙！
> 遗民忍死望恢复，几处今宵垂泪痕。
>
> （陆游《关山月》）

和辛弃疾喜欢用典不同，陆游的诗歌更喜欢从细节入手表达自己的爱国情结。他没有上过战场，但奇妙的是，他对边境状况的描写竟总是那么入木三分。议和的诏书签下十五年后，戍边的将军成了毫无用处的摆设。贵族府里的歌舞不绝，马厩里的战马只能默默老去。等待一场出征的士兵们已然白了少年头，清冷月光下泛着白光的是当年战死沙场的兵士们的遗骸。长江对岸沦陷区的人们强忍悲痛度日，夜晚流泪苦等复国的百姓又有多少？

一声质问如闷鼓一般将辛弃疾的心房重重击打，从江对岸南归的他又岂能不懂其中的辛酸？

嘉泰三年即公元1203年，韩侂胄在陆游离开京城后，又重新召唤辛弃疾前往临安商讨北伐大计，辛弃疾因为陆游回浙之事对韩侂胄的召唤感到疑惑。他思量了一番，将此事告诉了陆游，希望好友能给自己提供意见和建议。陆游与辛弃疾相交半年有余，对辛弃疾的离去自然恋恋不舍，但和个人情感相比，他更明白辛弃疾内心深处燃烧着的那团与自己别无二致的爱国热火。

韩侂胄是不可信的，但陆游依然相信南宋朝廷里那些饱学之士和爱国人士收复失地的信念。他对他们寄予厚望，更对辛弃疾充满信心。他坦诚地表达了自己在京城时的失落，也表达了对辛弃疾此行的担忧，可想到这一趟是辛弃疾报国的唯一希望，他仍然诚恳地劝说辛弃疾以国为重。

辛弃疾感谢陆游的坦诚相待，也表明自己希望再次建功立业的决心。两人探讨叙旧，辛弃疾终究还是决定接受韩侂胄的邀请。尽管这一次的北伐号召很可能也只是停留在口号上，但环视朝局，让北伐的理想得以实现的唯一可能也只有如此。临行前，陆游亲自执笔为辛弃疾写了这一首送别的长诗。

稼轩落笔凌鲍谢，退避声名称学稼。
十年高卧不出门，参透南宗牧牛话。
功名固是券内事，且葺园庐了婚嫁。
千篇昌谷诗满囊，万卷邺侯书插架。
忽然起冠东诸侯，黄旗皂纛从天下。
圣朝仄席意未快，尺一东来烦促驾。
大材小用古所叹，管仲萧何实流亚。
天山挂斾或少须，先挽银河洗嵩华。
中原麟凤争自奋，残虏犬羊何足吓。
但令小试出绪余，青史英豪可雄跨。
古来立事戒轻发，往往谗夫出乘罅。
深仇积愤在逆胡，不用追思灞亭夜。

（陆游《送辛幼安殿撰造朝》）

在挥洒自如的诗句中,陆游诚恳地赞扬了辛弃疾过人的才华和卓越的文学成就。随后,他挥挥洒洒讲述了辛弃疾与自己极为相似的坎坷经历,并将他比作管仲与萧何一般的人才,寄望他能建功立业,成就非凡战绩。末了,年长的陆游还不忘嘱咐辛弃疾凡事小心,并鼓励他将全部精力投入抗金大业中,以扫除多年的家国仇恨,让大宋臣民重新为帝国的荣耀与辉煌而自豪。

辛弃疾认真地读完陆放翁的诗句,心中的感恩与激动之情达到了极点。辛弃疾拜别老友,到达临安后迅速投入战斗。

六十六岁时,辛弃疾因为韩侂胄的推荐成为镇守镇江的主帅,他感觉渡江作战指日可待,一想到可以连同陆游的期盼一同实现他就兴奋不已。

可惜,命运终究没能给辛弃疾和陆游一个圆满的机会。不久,韩侂胄就因为与辛弃疾用兵思路的不同而将他临阵换下,辛弃疾沮丧到了极点,他不得不接受再一次与理想擦肩而过的事实。

一年后,辛弃疾在绝望中去世,那些伴随了他一生的关于恢复中原的信念从此长眠地下,沉淀成裹尸之沙,幻化成墓志之铭。

死去原知万事空,但悲不见九州同。
王师北定中原日,家祭无忘告乃翁。
(陆游《示儿》)

好友的离世和北伐的再次失败给了垂暮之年的陆游致命一

击。长达八十五年的期望终于在冰冷现实里心不甘情不愿地消亡,堂前屋后回荡的,只有这千古传诵的诗文。一首《示儿》,蕴藏了对儿子的殷切嘱咐和自身的无奈,那些曾经燃烧过的热血与壮志,任风吹雨打也难以磨灭。

第四节 无法打败的人

19世纪末20世纪初法国著名的批判现实主义作家、文学大师罗曼·罗兰说过这样一句名言:"一个不能打败自己的人,便是自己最大的敌人。"

如果说自负者内心的骄傲是无法翻越的高山,那自卑者无法面对现实的胆怯则是无法穿越的荒漠。对于南宋来说,金国便是这样一道不可逾越的鸿沟。即便此时的金国早已不复荣光,从极盛一时转入颓势,但苟且偷生的赵氏王朝始终没能看清事实真相,依旧向即将衰败的金国俯首称臣,在旁观者看来赵氏王朝的这一举动甚是荒唐,可当局者迷的宋宁宗却全然不自知。

开禧二年即公元1207年,来自西蜀的奏报让朝廷的氛围重新紧张起来。常年征战让西蜀成为南宋守卫链上的薄弱环节,趁着南宋对金宣战之际,曾在当地组织部队的吴曦拥兵自重并自立为王,成为依附金国朝廷、臭名昭著的伪蜀王。

刚听到这个消息,宋宁宗与韩侂胄起初并未放在心上,因为他们认为吴曦的实力很薄弱,不足以对南疆构成威胁。然而,当这个叛臣得到了金章宗的支持时,事情便没那么简单了。

金章宗用一纸诏书和一块玺印将吴曦及其属下部队统统收编,吴曦草莽的身份得到了变相的加持,本来对自己的境遇有些担忧,如此一来疑虑全无。在他看来,南宋与金国多年对峙,却始终没能改变局面,如今自己依附了金朝,定然可以开创一番新局面。于是,他开始招兵买马,并命人物色名士到自己的"朝中"充任"相官"。四川当地的名流本就对吴曦卖国求荣的举动嗤之以鼻,因此对于上门恳请他们前往"伪蜀国"为官的吴曦使臣也避而远之。

无功而返的使臣向吴曦奏报了自己吃闭门羹的过程。这个自以为是的小人非但没有感到羞耻,反而因为自己屡遭回绝而恼羞成怒,他下令所有人死守各名流家门口,直到他们同意接受邀请才肯善罢甘休。

一时间,四川境内的名士人人自危。他们不想成为卖国求荣的小人,却也不敢得罪吴曦,不得已,他们只得装疯卖傻,躲一天算一天。眼看这样的荒唐局面一时难解,一个名为杨巨源的义士的出现让这一切发生了转机。

杨巨源不是高官,更不是权贵,仅八九品的官位无法带给他荣华富贵,却给他带来了强烈的责任感。看着叛臣贼子作乱,杨巨源告诉自己一定要竭尽所能让吴曦人头落地。于是,他找来吴曦册封的丞相安丙,以家国大义说服他一同起事。安丙头上的爵位本就是强加的,起义之事也早在胸中盘算。只可惜他是个文官，手中并未掌握兵符，不过在他的推荐下，杨巨源找到了吴曦的手下大将李好义，希望他能以宋室江山为重，一同起兵夺了叛贼的性命。李好义本就不甘心从贼附逆，如今有了志同道合者又有名正言顺的道义支撑，他二话不说便应了下来。

就这样，在七十四名义士的起义中，仅存在四十一天的"伪蜀国"便以吴曦的身首异处而宣告终结。原先被吴曦作为礼物送给金国的土地都被收复，这场拙劣的称帝大戏也随着时光的流逝成为朝堂上下的笑谈。

金章宗被蒙古国打得晕头转向，生怕南北夹击的他听闻吴曦登基失败只好向南宋主动示好。韩侂胄并不是坚定的抗金主义者，原本他只是为了蛊惑人心才下令将当年流放的抗金志士召回朝中，可关于何时出兵的问题却始终避而不谈。他本只是想做做样子，可金国对南宋的主动示好却让他的自信膨胀起来。昔日的惧怕猛然间转化成愤恨，突如其来的情绪变化和莫名其妙的得意带来的是韩侂胄的盲目自信和又一场仓促的北伐。

其实，辛弃疾并不在意这场讨伐兴起的真正理由，对于一个渴望上战场的老将来说，只要能北上，只要能为宋人收复失地，哪怕真如他人所说，这场战争只是太师的一时兴起所致，他也会赴汤蹈火、全力以赴。

配合着韩侂胄的计划，辛弃疾全心全意地制定起了作战进度表，并在力所能及的范围内做了详细的准备。

辛弃疾对塞北的关注持续了一生，当塞外传来女真贵族内部争权夺利、互相残杀的消息，他的内心更有了获得胜利的信心和勇气。

此时的他，虽然不是主帅，却也是出征将领中的一员。手下的兵马与当年在济南山区起义时不相上下，但这确是他南归后担任过的官职中最接近战场、也最接近理想的一次。只是，似乎命中注定一般，辛弃疾正摩拳擦掌地想在战场上建功立业时，韩侂胄却因为对辛弃疾作战思路的不认同而在作战前夕将他从阵前临时换下。

辛弃疾欲哭无泪，却又无能为力。这一场人生中最后的战役辛弃疾终究没能如愿上场，他期待上阵的将士们能将他的志向一并实现，但接下来的彻底兵败却让辛弃疾和南宋重新回到了痛苦的边缘，韩侂胄不但因为冒进失去了权力，更失去了自己的头颅。

客观而言，当时的金国已经不能与过去同日而语，与南宋交战虽然险胜，却没有持续下去的动力和可能。金章宗草率地结束了这场战争，心中对南宋的顽强抵抗也很惧怕，他很担心南宋卷土重来。可是，南宋的软弱却超过了他的想象。

战争才结束，败下阵来的南宋朝廷就遣人送来了议和诏书，章宗明白此举能让金国免遭南北夹击，便强装镇定，接下了南宋议和的请求，并顺势而上向使臣提出了三个条件，即：割地、称臣、献出主张北伐的太师韩侂胄的头颅。

使臣唯唯诺诺地应下了金章宗的要求，回到朝中禀报于宁宗后，众臣皆惶恐不安。而这其中，韩侂胄自然是为首的反对派。在他看来，北伐是忠义之举，金国趁胜想要自己的人头做交易显然是想让南宋朝廷大乱。韩侂胄虽然是出于自保，但作为一朝权臣，他的这番话也并没有错。

宁宗见韩侂胄如此震怒，身边的大臣都低着头，谁也没能给出应对的决策，便索性将此事压了下来，打算择日重遣使臣前往金国重商议和之事。只是，此时宁宗背后的杨皇后却早已迫不及待地想取韩侂胄的性命了。

当年的后宫风波让杨皇后与韩侂胄站在了对立面，加上韩侂胄是已逝韩皇后的舅舅，他的太师身份更是杨家外戚的眼中钉。朝堂的事情后宫不得干预，可皇后的权势却能让外戚官员为之所用。

朝会结束后，韩侂胄气急败坏，扬长而去，杨氏族臣紧随宁宗的脚步到了后宫。他们劝说宁宗放弃韩侂胄而保南宋太平。宁宗虽有此心，却碍于当时韩侂胄将自己推上皇位的情分而拒绝了。不甘心的杨家人将此事告诉了杨皇后，杨皇后觉得再无劝说宁宗的可能，便索性做起了"假旨杀韩"的勾当。

她仿宁宗的笔迹写下了罢免韩侂胄的诏书，随后分发给宫门守卫。第二日上朝时，接获"旨意"的守卫执意不放韩侂胄入宫，韩侂胄一气之下与守卫发生争执，一片混乱中竟然命丧于守卫的棍棒下。

宁宗听闻韩侂胄被杀的消息，除了些许伤感，所能做的只有顺势将他的头颅如约送到金章宗的帐下。金章宗见南宋如此守约，当即与宁宗签订了旨在交好的"嘉定和议"。

令人意想不到的是，韩侂胄在南宋为人不齿，在异域他乡的金国却获得了厚葬的礼遇。当时，金国与南宋已经签订了和议条款，金国大臣在为金章宗庆贺时却说：韩侂胄虽然是金国的敌人，但他无论如何都是因为忠于自己的国家才发动的北伐，从这个层面上来讲，韩太师也算是一代忠臣了。

章宗闻听此言，觉得甚是有理，便依照大臣的建议为他建造了一座供后人祭拜的坟茔。从此，每次宋朝使臣前来金国，章宗都会派人送使臣前往此处吊唁，以纪念这段颇具戏剧性的历史。

回顾南宋，像韩侂胄这样死于同班朝臣之手的臣子并不在少数。当年，岳飞的赫赫威名让整个金国瑟瑟发抖，却同样因为秦桧的栽赃陷害和高宗的不信任而身首异处；朱熹带领弟子们为国家出谋划策，但最后还是在一场因利益而起的斗争中，成为"党禁"的牺牲品。

一个国家或是一个民族最大的力量来自于团结，所谓国力不只是指军事实力是否强大或者经济实力是否富庶，更在于举国上下能否齐心协力。南宋的经济实力并不算差，但面对金朝的威胁，那些深藏于抗金决心背后的苟且偷生让朝臣之间有了嫌隙，臣子与皇帝也在猜忌中互相伤害。

世事无奈，可南宋这般屈辱的经历又何尝不是宋朝皇帝与大臣们作茧自缚的结果呢？多少次，恢复失地的理想在君主的一时享乐中被遗忘，又有多少渴望带兵上阵的将士最终难逃被流放的命运。

或许,从宋朝自北方迁移至长江以南时,这个国家就再也没有了重回中原的可能。真正阻挡宋人回归脚步的不是金人的强大武力,而是南宋皇帝与朝廷官员的偏安一隅和停滞不前。

第八章

山河赋·千古事，云飞烟灭

第一节　一个硬汉的泪水

对胸怀大志的人来说，生不逢时是一种无可奈何的悲哀。就跟生长于大江大河的鱼儿与挣扎于近乎枯竭的水洼的鱼儿做比较，即便后者有再强的生存能力，只要天不下雨，它们便无法逃脱悲剧的结局，那些驰骋江海的理想也只能伴着骨感的现实化为泡影。

对寻常人而言，宋朝虽分为北宋和南宋，但归根结底它们都是赵匡胤和赵光义兄弟的家天下。奉行以文治国的原则，都可以看成中原汉文化最正宗的传承者。但是，这个看似一脉相传的时期在关注细节的史学家眼中，却是两个完全不同的时代，而横亘在两宋之间的巨大差异，正是辛弃疾和众多仁人志士的爱国报复无疾而终的根本原因。

在宋朝，士大夫的地位是极为崇高的。周朝"刑不上大夫"的礼制在这里得到了完美的体现，丰厚的俸禄也让学而优则仕的文人们坐拥帝国大部分国家财富。作为高薪养廉的杰出朝代，宋朝官吏的富裕程度是今人难以想象的。那时，拥有一座湖畔别居并不算奢华的事情，即便是落魄的仕子也能有一两处闲置的宅子或是几亩良田让他们俯首躬耕。

然而，即便南宋延续了北宋授以文人优厚待遇的体制，整个朝廷中士大夫的学识和能力已不可同日而语。回顾北宋朝廷，闪耀历史长河的名人实在太多。唐宋八大家中，除了唐代的韩愈与柳宗元，其他的六位，即苏轼、苏洵、苏辙、欧阳修、王安石、曾巩均出自北宋，而范仲淹、司马光、周敦颐等文化名人，及沈括、毕昇等科学巨匠，更让北宋的星空显得异常闪耀。

宋徽宗之前，这些文人不单是诗文革新运动的推进者，更是北宋政治制度的完善者。尽管没有"靖康之耻"耳提面命，但看着自己的国家与辽、夏、金等外族鼎立而居，向往大一统王朝盛世的士大夫们，内心充满了忧国忧民的情绪。

宋仁宗时，范仲淹被任命为参知政事，为了改革弊政，他在欧阳修等人的支持下开始了以"兴致太平"为目的的改革。在范仲淹的"庆历新政"里，最重要的内容便是改革吏治。他的这些措施切中时弊，改变了从前官场上部分不问政绩好坏只求循例升迁的陋习，在为出色人才提供发展平台的同时，也在一定程度上扼制了居官自傲与贪污腐化的现象。

庆历新政实施的时间虽然只有一年，但这种敢于"拿自我开刀"的做法却为北宋奠定了政治改革的良好氛围。范仲淹等人被排挤出朝廷后，新任皇帝宋神宗和新任参知政事王安石携手展开的又一场变革接踵而至。应该说，"王安石变法"与当时蓬勃发展的资本主义萌芽有不可分割的渊源，但其提倡的富国、强兵、改革教育等方面的措施，却让北宋出现了"中外府库，无不充衍"的局面。大量漏田被重新登记造册，兴修水利与灌溉农田的措施推行后，荒地变良田，百姓的生活水平也得以提升，也使当时的宋朝成为当时世界上最富有的国家。

此时，大辽与西夏仍然虎视眈眈地窥视着大宋边境，宋朝没能实现汉唐时的大一统，但尚且富强的国力让这个国家还有雄厚的资本。澶渊之盟建立后，北宋与大辽出现了难得的和平局面，西夏一度取消了帝号，对宋称臣，成为宋朝属下的盟国。

清明上河图记录了北宋的繁荣，熙熙攘攘的街道展示了国泰民安与经济上的富裕繁荣，更能感受到科技创新带给他们的巨大变化。四大发明中，除了造纸术以外，活字印刷、指南针和火药几乎都在这一时期出现，沈括的《梦溪笔谈》是中国科技史的里程碑。这些辉煌的成就使北宋呈现出前所未有的文化繁荣景象，即便边境上的战火还未完全平息，文化的强盛已经足以让这个时代傲立于历史版图。

可惜，这样的辉煌并未延续到南宋，当赵家皇帝带着一群朝臣横渡长江，企图以临安为中心建造一个偏安一隅的美丽梦境时，北宋改革时的锐利和敢于对外族宣战的勇气仿佛被抛入江中一般，再也觅不到一丝踪影。

整个南宋朝廷里，除了岳飞、辛弃疾、陆游、虞允文等少数主战派还在幻想收复失地外，其他的议和派分子心中所想、口中所念的都是如何在富饶的江南安度晚年。秦桧为了一己之私，可以将岳飞斩杀于"莫须有"的罪名下，也可以将陆游状元的名号直接挂在自己孙子的身上；韩侂胄因为权利分配的不公而发动了大规模的"道学党禁"风潮，将一大批儒学士子排斥在朝堂之外，连朱熹也未能幸免，他后来主张的北伐毫无家国情怀，而是充满了惺惺作态的虚假。

回顾南宋的历史，我们找不到任何大刀阔斧或是行之有效的改革，即便孝宗被看作南宋最有作为的皇帝也没能扭转整个朝廷的萎靡之气。理学强调君王之道，也强调儒生们为国尽力，实现出将入相的理想。可惜，这样一步好棋却被南宋皇帝用作愚民的手段，最终把自己连同赵家王朝带向了万劫不复的深渊。

北宋时，杨业等将领的威名曾经让辽国闻风丧胆，就连宋真宗也曾亲赴前线，为抗辽将士打气鼓劲；到了南宋，岳飞声名在外，岳家军所向披靡时，宋高宗却与宠臣秦桧对其无端猜忌。十年战功毁于一旦，直捣黄龙的梦想功败垂成。从此，南宋再也没能收复北方失地，尽管每一次北伐都浩浩荡荡，皆因为没有真正做好战争准备而仓促上阵、失败而归。

如果说北宋是因为外族的入侵而消亡，那么南宋的覆灭更大程度上是因为自身的衰败与堕落。辛弃疾生活在这样的时代里，即便他运气再好，也难以扭转既定的局面。

北宋时，叛乱多年的西夏在最后时刻臣服于帝国的强盛，金国因为忌惮宋朝的实力转而将辽国作为它实现野心的第一个对手。北宋没有岳飞那样的名将，但还是给四周外族带来了强国的威慑；南宋有"将"，却因为没出色的"相"而沦为金人的玩偶。

完颜亮南侵时，放言"十天之内，收复南宋"。这话听起来有些猖狂，暗含着金人对宋人的轻视。在他们眼中，南宋群臣就是一群只懂之乎者也，不懂行军打仗的文弱书生，连皇帝都能成为俘虏，更不用说站立在朝堂上的王公大臣们。

可是，南宋朝廷的官员们真的都手无缚鸡之力吗？答案显然是否定的。

如果说陆游收复失地的志向更多的是泛泛而谈，那辛弃疾却是真真正正从刀光剑影中走出来的战士。当年在金朝边境上起义，辛弃疾曾充分利用游击战给金人以沉重的打击，归顺耿京后，辛弃疾的作战经验更成为兄弟们打胜仗的保证。遗憾的是，这些从真枪实战中总结出来的作战经验，却在他南归后，成为百无一用的废纸。

张浚认为辛弃疾的兵法太过儿戏，孝宗觉得他休养生息的策略贻误战机，王蔺以辛弃疾治军过于严厉而弹劾他，韩侂胄因为他的作战思路不符合自己激进的做派而将他仓促换下。

在湖南建军，辛弃疾用上了自己全部的智慧和耐心；剿灭茶寇的时候，他更是将兵法用得出神入化。可是，即便这样，又能如何？丞相只考虑茶寇明年还会不会继续作乱，朝廷只关心本年的税收是否能全额收上来，孝宗想要的是一蹴而就的北伐效果，宁宗想过的只是韩侂胄代理朝政背后的闲散日子。

> 东风夜放花千树。更吹落、星如雨。宝马雕车香满路。凤箫声动，玉壶光转，一夜鱼龙舞。
>
> 蛾儿雪柳黄金缕，笑语盈盈暗香去。众里寻他千百度，蓦然回首，那人却在，灯火阑珊处。（《青玉案·元夕》）

一般人认为,这首千古名篇写的是痴情男女元宵佳节相互寻觅的场景。眼花缭乱的夜市,闲逛的人们开始了属于自己的寻觅。男子全神贯注地在擦肩而过的女子中寻找那个痴迷已久的"她",女子早早看见了那个日思夜想的"他",只等待他突然回首时的四目相对。

辛弃疾用字的华丽创造了极具画面感的场景,那种寻觅知心人而无所得的苦闷和突如其来的惊讶在激荡情感的同时,也让阅读者不由得想起自己情窦初开的年华。然而,辛弃疾在这首看似柔情的诗词背后蕴藏着的郁郁不得志的悲凉又有几人能懂?

灯火阑珊处,绝妙清高的女子是值得寻觅千百度的良人,政治上,辛弃疾又何尝不期待自己能成为明君眼中的"尤物"。在歌舞升平的临安城里,辛弃疾征战沙场的一身锋芒显得格格不入,如同绝世而独立的美人一样,他的冷清被周遭的繁华掩盖。只是,美人是幸运的,毕竟她还被痴心的男子寻觅着,辛弃疾却只能站在暗夜的角落任凭一腔热血在寂寞中慢慢冷却。

人常说,"男儿有泪不轻弹",忘记的却是紧随其后的"只是未到伤心处"。

少年不识愁滋味,爱上层楼。爱上层楼。为赋新词强说愁。

而今识尽愁滋味,欲说还休。欲说还休。却道天凉好个秋。(《丑奴儿·书博山道中壁》)

如果说,闲居上饶十年时,辛弃疾还心存一丝希望的话,那么当他再一次从朝堂上退隐的时候,胸中燃烧的火焰终被冰冷的现实破灭。从前的失望与感叹权且能当作不知愁滋味的强说愁,可如今那些从内心深处泛起的绝望已然将理想冻结成冰。

夜深人静,秋风萧瑟,辛弃疾对朝廷的彻底失望就像地上蜷着的枯黄叶子,面对兵败的消息,愁容惨淡里那一抹硬汉的眼泪无声落下,直至落入尘埃再无踪迹可觅。

第二节　把栏杆拍遍

我们读辛弃疾的作品,感觉耐人寻味,文字力量经久不衰,因为他的作品中体现出对国家和民族命运的担忧和对自身使命的责任感,文字间带着融合刚柔的美学体验,又兼备雄奇与婉雅。

值得一提的是,人们对词的宏伟风格习以为常,这个古老的创作体裁的原貌却并非如此。

宋人王灼在《碧鸡漫志》中曾经对诗词的兴起与发展有简单的描述,他说:"盖隋以来,今之所谓曲子者渐兴,至唐稍盛。今则繁声淫奏,殆不可数。"意思是所谓的"曲子"是由隋唐时流行的西域音乐演变而来的,而词则是这种艺术形式中不可分割的一部分。

从前,少数民族中能歌善舞的人们在唱歌时会将个人情感和场面描写加入其中,通过口中吟唱语句的方式表达意境或是感触。一开始,词曲并不分家,后来随着这种艺术形式在隋唐的流行,人们将这种新型的文字记录方式转换成崭新的文学体裁,诗词独立于音乐的时代也由此拉开了序幕。

最早的诗词作品可以追溯到隋朝时杨广、王胄写的《纪辽东》,随后,唐初沈佺期的《回波乐》、崔叶的《踏歌词》伴随着敦煌曲子在民间的流传而散布开来。再到后来,韦应物写了《调笑令》,白居易又写了《长相思》《忆江南》,从此词便不再是西域民族特有的事物,而演变成了与大唐子民和中原百姓的日常生活紧密交织的文学形式,诗词的风格也开始向清新脱俗的方向发展。

不过,到了晚唐五代,词的风格因为传唱方式而失去了原有的淳朴之风,其内容大多在于描绘奢靡享乐的场面,士大夫也将它们作为消遣的工具,使词一度走入误区,成了靡靡之音的代表。

诚然,艺术是高雅的,但从本质上讲,没有坚实扎根于民间的社会基础,词的高雅便只能是空中楼阁。用鲁迅的话讲,那些刻意雕琢、晦涩难懂的生僻词汇抹杀的只是词"原为民间物"的特质。文不从、字不顺的结果就是这个文学体裁逐渐走向凋零和灭亡。

晚唐词人的作品集《花间集》里的句子,虽然异常优美,十分工整,但体现的却多是歌舞宴席场面和消极避世的态度。这样的局面到了宋朝初期没有得到太好的改善,词人们除了给宋词加上"典雅"的名号,内容上反映的依旧是儿女情长、花间梦事。

　　享乐是人的本性，爱情是美好的本能，歌颂爱情与享乐又积极向上的文章并没有过错。晏殊、欧阳修、柳永，这些伟大的词人在用自己的笔触镌刻爱情和人间乐事时留下脍炙人口的名句，这些可以称作是北宋人民日常生活的侧影。

　　情感对于人类的重要性毋庸置疑，这些风格的诗词当然值得品味，但在北宋与辽、西夏、金等外族对峙的情况下，宋朝人的精神世界急需的却是斗志昂扬、奋勇向前的力量。于是，一场来自北宋词人的改革开始了。

　　以苏轼为代表的新派词人号召打破"诗庄词媚"的界限，将词的境界从生活的小情调拉伸至报国的大情怀中。平时咏花颂柳的词句变成了怀古咏史的感叹，花间梦事的浪漫变成了参知朝政的豪情。而到了南宋，那种经历过改革的诗词面貌则变成词人创作的基本基调。辛弃疾、陆游、陈亮、刘过等文人都以诗词作为表达爱国情感的重要工具，甚至连李清照这样的弱女子都写出了"生当为人杰，死亦为鬼雄"的壮阔诗句。

　　南宋的词坛，为后人耳熟能详的名字虽不如北宋多，但产出作品的思想性与艺术性取得了不逊前朝的成就，词也因此延续了它的繁荣。相比于政治理想的无处安放，词人终归在失意之间找到了诗词创作的新境界。

　　　　几个相知可喜。才厮见、说山说水。颠倒烂熟只这是。怎奈向，一回说，一回美。

　　　　有个尖新底。说底话、非名即利。说得口干罪过你。

且不罪，俺略起，去洗耳。(《夜游宫·苦俗客》)

任何一个时代都需要有敢于发出自己的声音的人，辛弃疾表达个人境遇时直接对投降主义进行了抨击。在满朝都充斥着夸夸其谈却不问国事的氛围时，辛弃疾的与众不同让他饱受仕途不顺的折磨。朝堂上的仗义执言以被罢黜的结局落幕，辛弃疾的不甘化成了《夜宫游》的句句批驳，看上去简单明了，读起来却酣畅淋漓。

习惯了诗词语言高雅脱俗的人们，乍读辛弃疾的这首词都会被他如此口语化的风格震撼。诗词的改革是壮举，能将这种颇具"开山破斧"风格的事情以朴素兼具社会气息的语句完成，体现的正是辛弃疾不寻常的文学理念。

此时辛弃疾对语言的应用早已炉火纯青，能书写的场面与景色也扩大了许多。他能描绘壮阔的战斗生活，也会表达进步的政治思想，他懂得吊古伤实，也能从自然景色中感受到民族的忧患。

楚天千里清秋，水随天去秋无际。遥岑远目，献愁供恨，玉簪螺髻。落日楼头，断鸿声里，江南游子，把吴钩看了，栏杆拍遍，无人会，登临意。

休说鲈鱼堪脍，尽西风，季鹰归未？求田问舍，怕应羞见，刘郎才气。可惜流年，忧愁风雨，树犹如此！倩何人唤取，红巾翠袖，揾英雄泪。(《水龙吟·登建康赏心亭》)

楚地蔓延千里的空间里弥散着浓郁的秋日气息，壮阔的长江水顺着河道流向天际，秋色无边，尽收眼底。遥远的山峦层层叠叠，如美人发间的玉簪，亦如美人精致的发髻。然而，就是这本应令人心旷神怡的景色，却让满腹忧愁的词人因对失地的怀念而徒增愁恨。

流落江南的赤子，在夕阳西下的景色里听着孤雁离群的哀鸣，反复地摩挲着自己的宝剑。这世间，始终没有人能领会诗人的用意和抱负，即便用力拍遍所有的栏杆，也发泄不了心中难以言说的苦闷。

雄鹰为了吃到鲜美的鲈鱼或许会改变寻觅的方向，匆匆返回故土，但人的心志又岂是一两句话便能改变的？年华似水，树木成林，寒霜染上鬓角的时候，英雄流下的眼泪，如何擦拭？

> 杯汝知乎，酒泉罢侯，鸱夷乞骸。更高阳入谒，都称斋臼，杜康初筮，正得云雷。细数从前，不堪余恨，岁月都将麴蘖埋。君诗好，似提壶却劝，沽酒何哉。
>
> 君言病岂无媒。似壁上雕弓蛇暗猜。记醉眠陶令，终全至乐，独醒屈子，未免沈灾。欲听公言，惭非勇者，司马家儿解覆杯。还堪笑，借今宵一醉，为故人来。（《沁园春·杯汝知乎》）

戒酒，诗坛词苑中少见的主题，本应多少带些自我抑制的苦楚，可就是这样常见的禁酒主题却被辛弃疾写成了抒发胸中激愤的名篇。

诗人和酒从来都是密不可分的，写酒的诗词自古以来数不胜数。辛弃疾是爱酒之人，他的文章里对酒的描写也很常见。人们习惯了他的对酒当歌，喜欢听他以酒为题叙述内心的所感所怨，而当他对自己发出戒酒的命令时，人们惊讶于他一反常态的决绝，更惊叹于他的勇气和信心。

杯弓蛇影的恐惧实在令人唏嘘，今宵酒醒，辛弃疾勒令自己再也不能与酒有交集。主客体问答对话的形式，仿效的是当年东方朔的《答客难》与班固的《宾戏》之间的对接。酒杯为客，词人为主，自我的世界里辛弃疾居高临下地跟酒杯讨论戒酒的情结，妙趣横生之余，字里行间蕴含的道理也耐人寻味。

辛弃疾从来不靠迎合赢得声望。朝堂里，他没有获得皇帝的赞同，但在朝堂外，他却是学生们崇拜的对象。用他的学生范开的话讲，辛弃疾"以气节自负，以功业自诩"。

从青丝到白发，辛弃疾昂扬的斗志在挫败过后，依旧不死。从小，他便抱定了为国战死疆场的决心和勇气，尽管到最后他的理想只能寄望学生们去完成，但言传身教时流露的精神品质已伴着他千古流传的词篇成为不朽的丰碑。南宋的子民因为他的文字有了信仰，后世人们同时可以在他的文字里感受历史，获得力量，并在一次又一次的劫难中实现了整个民族的涅槃重生。

第三节　参透生命的哲学

爱国是一个永恒的话题。从古到今，众多文人墨客、仁人志士都用实际行动为爱国这个命题演绎着不同的故事。苏武留胡节不辱的悲壮，戚继光抗击倭寇的决心，郑成功收复台湾的豪迈，邓世昌与日本海军同归于尽的壮烈……这些传奇构成了国人对抗外族侵略的历史，也让爱国精神在口口相传中得以保留和传承。

爱国并不是一件实体存在的物件，究竟是方，是圆，无人能准确描述它的样子，甚至无法用标准的文字给它下一个精确的定义。但作为一个经历了数千年沧桑变迁的古老民族，无论是在白鸽飞翔的和平年代，还是在战火纷飞的动荡时期，总有仁人志士会怀着一颗赤子之心，竭尽全力地捍卫国家和人民的利益。这就是这个民族生生不息的爱国情怀。

辛弃疾希望被朝廷重用并上阵杀敌，这是他的毕生心愿，他流传下来的六百首诗词中最重要的情绪支撑也正在于此。即便他的诗词中写尽了伤怀往事，但他内心深处唯一的情感渴望始终是国家的存亡。

> 故将军饮罢夜归来，长亭解雕鞍。恨灞陵醉尉，匆匆未识，桃李无言。射虎山横一骑，裂石响惊弦。落魄封侯事，岁晚田间。
>
> 谁向桑麻杜曲，要短衣匹马，移住南山？看风流慷慨，谈笑过残年。汉开边、功名万里，甚当时、健者也曾闲。纱窗外、斜风细雨，一阵轻寒。（《八声甘州·故将军饮罢夜归来》）

汉时，李广将军曾在夜间与友人在田间饮酒。当他畅饮归来，回到灞陵亭，下马宿营时当地的都尉因喝醉了酒，又不识李广真容对他出言不逊。此事虽在书中有所记载，却并没有成为李广将军传记的主基调，因为能征善战的李广，其赫赫威名又怎是无礼的谩骂所能掩盖的呢？

李广的一生充满了传奇色彩，虽然后来他未曾封侯，到了晚年过着退居山村、躬耕田园的生活，但辛弃疾无比崇拜他当年的热血与勇猛。即便每个人终究要做垂垂老者，他也希望能像李广那样带着长弓到山上猎射老虎，以此保留武将的作风。

在汉代开疆扩土、保家卫国的大事迹里，万里边境成就了多少英雄，可为何在如此需要人才之时，李广将军依然难逃闲居的命运？这样的历史巧合，或许也只有随风飘落的刺骨细雨能明白吧。

人世间的情感从来都是互通的，那些与自己的处境最相似的不幸经历往往能让人心生共鸣。夜来风雨声，李广的故事对深夜难眠的辛弃疾来说是一种慰藉，更是一种激励。尽管当朝者并未给予李广应有的爵位，但他的威名却因赫赫战功在百姓的赞赏中流传了下来。如今，自己身处同样的境遇，有前人事例在前，辛弃疾的眼光自然也要延伸到千秋万代之后。

爱国本来就与他人和环境无关，也不以外界的评判为标准，这是根植于一个人内心深处最质朴和珍贵的品质，就算不能在当朝受到拥戴，享有荣耀与关注，但这样的大义，注定不会被历史抹去，也注定可以穿越时间遇见万千知音。

"家无余财，仅遗诗词、奏议、杂著、书集。"《铅山县志》中，关于辛弃疾情况的描述简单明晰。正如这十四个字叙述的那样，辛弃疾留给人们的不仅仅是诗词，更有各种融入其思想的杂著和文章。这些质朴的文字在向人们澄清他身上"贪官污吏"之罪名的同时，也让他赢得了当时不可能获得的敬仰和崇敬。

"词至稼轩，纵横博大，痛快淋漓，风雨分飞，鱼龙百变，真词坛飞将军也。"（陈廷焯《云韶集》）陈廷焯的话读上去朗朗上口，对辛弃疾一生的评价可谓中肯。如歌舞升平的年代里读书人以相官至高的理想一样，在风雨飘摇的南宋初期，辛弃疾生命中唯一的渴望就是成为一名统兵上阵的将军。

尽管他知道自己不可能同李广那样出征匈奴七十次，也不可能盖过岳飞的光芒，但他却依旧在梦想的道路上坚持不懈。虽然辛弃疾没能如愿战死沙场，但他在词坛的贡献和作为却为他赢得了另一个战场的战绩与名声。

豪放的辛弃疾用语言和词汇将西北神州纳入自己的博大胸怀。

举头西北浮云，倚天万里须长剑。人言此地，夜深长见，斗牛光焰。我觉山高，潭空水冷，月明星淡。待燃犀下看，凭栏却怕，风雷怒，鱼龙惨。

峡束苍江对起，过危楼，欲飞还敛。元龙老矣！不妨高卧，冰壶凉簟。千古兴亡，百年悲笑，一时登览。问何人又卸，片帆沙岸，系斜阳缆？（《水龙吟·过南剑双溪楼》）

这首《过南剑双溪楼》上阕开篇远望西北，点染出国土沦丧、战云密布这一时代特征，接着便直接提出了解决这一主要矛盾的主要方法。下面紧扣双溪楼引出宝剑落水的传说，结尾写爱国抗敌势力受到重重阻挠而不能发挥其杀敌报国的应有作用。下阕写因为爱国抗敌势力受到重重阻挠，甚至还冒着极大的危险，所以才产生消极退隐思想，最后紧密互应开篇，以眼前之所见结束全篇。全词线索清晰，结构严密；因迩及远，以小见大；通篇暗喻，对比强烈。

叠嶂西驰，万马回旋，众山欲东。正惊湍直下，跳珠倒溅；小桥横截，缺月初弓。老合投闲，天教多事，检校长身十万松。吾庐小，在龙蛇影外，风雨声中。

争先见面重重，看爽气朝来三数峰。似谢家子弟，衣冠磊落；相如庭户，车骑雍容。我觉其间，雄深雅健，如对文章太史公。新堤路，问偃湖何日，烟水蒙蒙？（《沁园春·灵山斋庵赋时筑偃湖未成》）

这又是一首抒发大词人对祖国山水热爱之情的佳作。他笔下的山水似乎和人一样，有思想，有个性，有灵气，流连其间，言感身受，别有新的天地。

灵山的景色令人陶醉，寻常人到此除了游山玩水似乎并没有其他心思，但辛弃疾并非如此。"老合投闲，天教多事，检校长身十万松"，当充满浪漫主义情怀的辛弃疾将这十万棵松树看成十万兵士并认真检阅时，他成为将军的渴望之情呼之欲出，但也因为这种痴想而显得悲凉。

或许，有些人会嗤笑他痴人说梦，但千百年来，同辛弃疾一样境遇不顺的人却能从他的自我陶醉中得到共鸣。

万物的样貌各有不同,穿插其中的道理却大同小异。学会辛弃疾的自我安慰就学会了如何跳出常规看待事物,那些红尘中的烦恼也因了别样的眼光而随风飘散。

尽管他不像苏东坡那样乐观通达,也不像陆游擅长刻画道义深刻的名言警句,可是,他早已树立了与众不同的文字风格,有了独属于辛弃疾自己的味道。

第四节 青山遮不住,毕竟东流去

作为南宋词人的代表,辛弃疾诗词中呈现出来的浪漫主义承继于屈原和李白。挥洒自如间,他的个人气魄成为贯穿全诗的精髓。辛弃疾是豪放派词人中的佼佼者,其诗词多是关于苦闷的抒发,但其风格的磅礴大气,及在字里行间注入的情感与当年的杜甫可说不相上下。

唱彻《阳关》泪未干,功名馀事且加餐。浮天水送无穷树,带雨云埋一半山。

今古恨,几千般,只应离合是悲欢?江头未是风波恶,别有人间行路难。(《鹧鸪天·送人》)

郁孤台下清江水,中间多少行人泪。西北望长安,可怜无数山。

青山遮不住,毕竟东流去。江晚正愁余,山深闻鹧鸪。(《菩萨蛮·书江西造口壁》)

这种哀伤可以是他对朝局的失望，可以是他对古人的追念，可以是他对江北同胞的关切，可以是他对国家命运的担忧。在他的文章里，壮阔的风景与逝去的古人似乎是永恒的旋律，那些偶然出现的得意时光稍纵即逝，挥之不去的忧愁牢牢笼住了他的心。

和不尽如人意的命运做抗争的人，既有英雄主义的一面，又有愚钝而不自知的一面。当辛弃疾认真地与命运的不公抗衡时，那种满溢于胸膛的激情令人钦佩；而当他看透世事沧桑，对命运的羁绊付之一笑时，那种早已融入他骨髓的超脱与淡然，更是令人敬佩的精神品质。

确切地讲，辛弃疾并不是天生不懂快乐的人，他的忧郁更不是与生俱来的。当年在济南的深山里，他与同袍兄弟在战场上驰骋，一场场胜利带来的是他得偿所愿的成就感，这与他南归后壮志难酬的境遇形成了强烈的对比。当南宋朝廷以残酷的现实击碎辛弃疾的梦想时，他内心深处的情感波动，与其说是由内而外的表达，不如说是从外到内的影响。

生活如泉水，起初都清澈甘甜，令人回味无穷，直到不同的经历给它增添了不一样的滋味。幸福如蜜糖一般，让杯中的泉水尝起来透满甜意，不幸却像苦药一般让喉头与唇上弥漫着苦涩的味道。那种凄苦漫过舌尖，即便是灵魂也会不由得战栗起来。

在六十七年的生命历程中，辛弃疾的这杯水早已从最初的清澈见底变为浓厚沉着，那些来自外界的影响不论他接不接受，统统压在他生命的脊梁上。当南宋习惯了逃避的官员们还在安于现状的氛围里迷茫度日时，太过清醒的辛弃疾注定要用不为人知的哀伤完成对夙愿的祭奠。

对辛弃疾来说，为国分忧从来不是做于他人看的秀场，绝不是为了哗众取宠，引人关注。或许，从他诞生的那天起，他的生命就注定要与北宋丢失的国土紧密相连，也注定了他一定会在南宋官员中与众不同。从这个层面上讲，即便辛弃疾知道自己的想法与性格会遭他人质疑，他也绝对不会掉头转向，因为那种在文字与行为上的虚伪迎合，生来就与他无缘。

在官场中，言不由衷是最平常的事情。人们在一团和气的假象下将敢讲真话的人视为异类，对于一些摆在眼前的事实，他们也会漠视、无视，以此隐藏心底的不安和对真相的恐惧。

久而久之，朝堂上的人们忘记了讲真话的感觉，连戳破幻境的勇气也日渐丢失。粉饰太平的官方言论和对敢讲真话者的残酷迫害，让真话成了最昂贵的奢侈品，辛弃疾在这种环境下成为牺牲品也就无可避免了。

缄口不言让临安的朝堂成了静默的舞台，众人早已习惯了冷眼旁观，在南宋延续着固有的懈怠，让北伐遥遥无期。正因如此，辛弃疾和与他志同道合的朋友们的仗义执言才显得弥足珍贵，那些犀利的文字振聋发聩，震撼着那个朝代良知者的心，也让麻木的灵魂有了思考的能力和抗争的勇气。

身处千年后的和平时代，一阵清风，一口清茶，在和煦的阳光下，我们不必在国土沦丧的悲哀中战战兢兢，也不用为收复失地而浴血牺牲。当你我的指尖划过历史，画册上那些曾经的民不聊生与奋起抗争虽然久远却永远令人动容。

纵观辛弃疾的一生，上下求索而不得的悲凉是对他人生的最大的打击，就是在这样的环境下，辛弃疾始终选择了逆流而上。那是一种难以想象的勇敢，纵然来自权贵的冷漠与质疑接连不断，宦海沉浮与生死考验也从未间断，可辛弃疾偏就一往无前。

开禧二年即公元1207年，辛弃疾的生命走到了尽头。

一曲长歌，几篇诗章，昨夜的墨还未被风干，书写的人却已经离开了人世。大千世界，芸芸众生，辛弃疾的离去并未给南宋朝廷带来多大震动，可当历史将他拥入怀抱时，后世却为一代文豪的消泯泪流满面。

和朱熹成为孔庙十二哲之一相比，前往辛弃疾灵前祭拜的人并不多，但他仍是名垂千古的精神榜样。

有多久，梦里不再出现所向披靡、骁勇善战的英雄；有多久，我们不曾在自己的精神境界里树立一个日日追逐的榜样？随着时间的流逝，那些披肝沥胆的岁月渐渐退出荧幕，那些古老的歌谣在喇叭里缓缓发出嗞嗞的声响，我们在遗忘了当年那些故事的时候，也将自己的梦想推进黑暗的夜里。没有留恋，没有哀伤，一切似乎是那么的理所当然。可不知为何，当明天来临时，我们终会发现心里曾经最充实的部分竟有种被掏空的感觉。

晨星寥落时，霜雪漫漫，本以为送走的是年少的无知，却不知道那份真挚和热忱才是再也找不回来的瑰丽财富。

在某些人眼里,喜欢戳破梦境的人似乎不怎么讨喜,因为他们总会把人们从虚幻美景中拉回现实。可世界还是需要这些勇于提醒的人存在,唯有如此,人们才有可能从迷失中回到原点,才有可能找到最初的本心。

在和平的晨曦里,战争显然不再被需要,可尽管战争随着硝烟散尽,今天的我们依然需要精神上的勇者召回曾经的纯真。

时光的浅痕可以将人们的棱角磨平,可温顺到圆滑却不是生命最初的模样。当直言不讳是一种奢求,当刻意迎合让周遭弥漫虚假,当人们呼唤真性情的回归时,辛弃疾堪称精神领袖和楷模。

看着他在浑浊世道里用清澈的嗓音呐喊,我们拍手称好;看着他敢于抛出自己的观点与强权为敌,我们热泪盈眶。虽然无法身临其境,但辛弃疾留在诗词中的情感感动着无数后人。

笔记本上的工作报告换成了读书笔记,手里的文件夹装载着辛幼安的诗词,那份久违的真诚和勇气重回心田,我们又变成崇拜英雄的少年,苏醒的梦想开始伴着期待在心中盘旋。

"青山遮不住,毕竟东流去。"无论时光怎么流转,辛弃疾和他的故事,总会领着我们向前。

后　记

　　说到辛弃疾，相信很多人第一次接触到他的词是在中学的课本中。那一首"梦回吹角连营"，气势宏伟，读起来朗朗上口，无论时过多久，想起来依然令人热血沸腾。

　　或许有人会有疑惑，为什么"唐宋八大家"里没有辛弃疾的名字？尽管，辛弃疾的地位没有韩愈、柳宗元、苏家父子、曾巩、欧阳修以及王安石那么高，但作为生活于南北宋交替年代的人物，辛弃疾的诗词贡献并不逊色于八位诗词大家。

　　对于生活于唐代的韩愈和柳宗元，我们无须做太多的比对，时代的不同和政治背景的差别造成了词人生活环境的不同，因此挥毫泼墨间寄托的情感与思考自然也迥然不同。但将辛弃疾与另外几位同样生活在宋朝的人物做比对却是十分有趣的事情。

　　古代的人们，对出身与背景特别看重。在官场上，所谓的背景便是：是否参加过科举考试，又是否中过进士。作为宋朝崭露头角的官员，苏轼、曾巩、王安石、欧阳修等皆因科举而走上仕途。考场上的挥斥方遒让他们名正言顺地进入了官场，辛弃疾却没有这样的经历。

出生在北方被金朝统治下的土地，辛弃疾似乎在生命的起点就已经被赋予了北宋遗民的身份。尽管他的祖父也因为机缘巧合而位高权重，但是深植在他内心的自卑与愤怒的种子却倔强地生长发芽着。

所以当他二十二岁带领着他的兄弟们一起血拼沙场的时候，那种冲动和英勇可想而知。当他作为前往南宋的使者，与宋高宗会面时，那种终于等来的归属感更是难以言表。

可惜除了岳飞，刚经历了时局动荡的南宋官员们根本不想放弃安逸的生活，早已沆瀣一气的求和派，几乎每日都劝说宋高宗"以和为贵"，以致那场发生在岳飞身上的千古奇案，也就不那么出奇了。可满怀希望的辛弃疾并没有觉察出这个王朝的懈怠之心。直到他在江阴思考许久之后才发觉，这个朝堂和自己想象的完全不一样。

北宋那几位声名赫赫的才子，除了曾巩安全着陆，其他人都经历过官场的沉浮。王安石被罢过相，欧阳修因为与皇帝政见不合被罢黜，苏轼因为"乌台诗案"而沦为阶下囚。辛弃疾和他们一样，同样在官场上遭遇过不幸。只是和他们相比，这个从北方而来的"归降者"，似乎从来没有融入朝廷的格局当中。

人常说，伴君如伴虎。与天子谋事，常常会因政见不合而无辜受到牵连。王安石是这样，欧阳修是这样，苏轼同样如此。而辛弃疾最大的遗憾，就是在北伐风头正盛之际遭到了罢官。

那时刚刚上任的孝宗渴望建功立业，他收复北方广袤土地的渴望与辛弃疾不谋而合。按理说，这时正是辛弃疾建功立业之时才对，但是，时运不济的辛弃疾错过了出将入相的大好机会。

人们常说辛弃疾是个悲观主义者，因为他的作品充满了不得志的愤慨，完全没有苏轼或欧阳修的洒脱。实际上，他们没有读懂辛弃疾的伟大正在于他逆流而上的品质。

如果说苏轼还可以用"道不同，不相为谋"为由对自己的贬黜做出解释，那么辛弃疾所能接受的只有"道同，仍不得为谋"的冰冷现实。从这个层面上讲，他的失落是毋庸置疑的，甚至连他的自我安慰也显得悲凉。

在这种心境下，辛弃疾用词作抒发胸中的不满便在情理之中了。令人钦佩的是，这位经常受挫又充满斗志的男子汉，在宣泄着自己心绪的同时，依然竭尽全力地完成了他身上的使命。

在滁州，他帮助当地百姓恢复生产；在湖南，他大张旗鼓剿灭茶寇；在湖北，他赈济灾民；在福建，他兴办学校，为下一代复兴贡献自己的智慧。

如果说，"居庙堂之高"为黎民百姓造福体现的是一个官员的素养，那么，"处江湖之远"还能"先天下之忧而忧"的人，必然拥有无上的品质。

在词作中辛弃疾希望能够扬名立万，成就千古英雄之名，但在现实中，他却从来不沽名钓誉，只是踏踏实实、安安稳稳地做好每一件事。

翻开宋词的历史，辛弃疾留下的名句数不胜数，平仄之间我们常常激情澎湃，热血沸腾。而千年后，当我们再次踏入辛弃疾曾经居住和生活过的地方，看到那些造福百姓的故事，品读他留下的诗词名篇，体会到的无不是铮铮铁骨的男儿气概，无不是令人敬佩的对责任与信仰的担当与坚守。

辛弃疾做到了，他用自己的行动完成了圣人教诲的最终落地，也展现了纸上谈兵与身体力行的差别究竟在何处。

或许，这就是多年后人们依然对这位金国"归降者"念念不忘的原因吧。

附录：辛弃疾生平大事记

公元1140年（宋绍兴十年、金天眷三年）

5月28日（农历五月十一日），辛弃疾出生于山东历城（今济南）。他出生前13年，山东一带已为金兵侵占。

公元1149年（宋绍兴十九年、金皇统九年）

辛弃疾师从刘瞻、蔡松年，与党怀英是同学。

公元1153年（宋绍兴二十三年、金贞元元年）

辛弃疾参加乡试，中举人，年末前往燕京。

公元1154年（宋绍兴二十四年、金贞元二年）

第一次赶考落榜。

公元1157年（宋绍兴二十七年、金正隆二年）

第二次赶考落榜。

公元1158年（宋绍兴二十八年、金正隆三年）

祖父辛赞升任开封府知府。

公元1160年（宋绍兴三十年、金正隆五年）

祖父辛赞亡故。

公元1161年（宋绍兴三十一年、金大定元年）

完颜亮南侵，辛弃疾在济南山区组织两千名义士开始反金斗争。同年，率部归顺耿京，任军中掌书记。义端叛变时，辛弃疾将其擒获。十一月，完颜亮兵败。十二月，辛弃疾陪同贾瑞前往南宋朝廷寻求支援，并上表归顺。

公元1162年（绍兴三十二年）

辛弃疾受南宋皇帝高宗接见，授予右承务郎职位。耿京因手下将领张安国叛变被杀，辛弃疾北归复命后，率部缉拿叛贼张安国。回临安后，授江阴签判。同年，孝宗即位，辛弃疾因北伐大计的实施开始建言献计。

公元1163年（隆兴元年）

辛弃疾前往江淮面见宣抚使张浚，并献出抗金良策，张浚拒不听闻，出兵北伐后，与符离兵败而归。

公元1164年（隆兴二年）

江阴签判任满，改任广德军通判。

公元1165年（乾道元年）

辛弃疾作《美芹十论》，将自己的对金作战经验与领悟编纂于其中。该书从第一论至第十论，无一不是精辟之论。同时，这也是一部很好的军事论著，有着很高的研究价值。除此之外，"美芹"也成了辛弃疾的代名词，郭沫若先生为辛弃疾墓写过一副挽联："铁板铜琶，继东坡高唱大江东去；美芹悲黍，冀南宋莫随鸿雁南飞。"

公元1168年（乾道四年）

辛弃疾广德军通判任满，改任建康府（今南京）通判。与史正志、叶衡、赵彦端等交游。始作长短句。

公元1170年（乾道六年）

辛弃疾获孝宗召见，上奏《论阻江为险须籍两淮疏》与《议练民兵守淮疏》。孝宗听闻，并未对其委以重任，两相权衡，任命辛弃疾为司农寺主簿。作《九议》上呈宰相虞允文。

公元1172年（乾道八年）

辛弃疾改任滁州宣教郎。期间，辛弃疾政绩卓越，改变了此地流民四散逃亡的局面，组织民众新建城镇，通过轻徭薄赋促进生产，为当地筹备抗金建立了良好的经济基础。

公元1173年（乾道九年）

上表天子，奏议国事，但没得到回应。因病离滁州知洲任，回京口居住。

公元1174年（淳熙元年）

春天出任江东安抚司参议官，深受留守叶衡的看重，获荐为仓部郎官。

公元1175年（淳熙二年）

辛弃疾因宰相叶衡的推荐而再次受到孝宗的召见。四月，茶商赖文正在湖北起兵闹事，后转入湖南江西，数次打败官军。六月，辛弃疾出任江西提点刑狱，七月到江西赣州就任，专门负责剿灭茶寇。九月，叶衡罢相。闰九月，击败赖文正，平定茶寇，加封为秘阁修撰。

公元1176年（淳熙三年）

秋后改调京西转运判官。

公元1177年（淳熙四年）

辛弃疾任江陵府（今江陵县）知府兼湖北安抚使。期间，辛弃疾严惩盗贼，杜绝了该地区的奸盗行径。与范成大游渚宫。改任隆兴府（今南昌市）知府兼江西安抚使。

公元1178年（淳熙五年）

获召为大理少卿。与陈亮结识。后外派为湖北转运副使。

公元1179年（淳熙六年）

三月改任湖南转运副使。秋天出任潭州（今长沙）知府兼湖南安抚使，奉孝宗手诏，惩治盗贼。这一年写作《摸鱼儿》（更能销几番烟雨），撰写并上奏《论盗贼劄子》。

公元1180年（淳熙七年）

出任湖南安抚使期间，辛弃疾在郴州宜章县、桂阳军临武县创办县学，同时创办"飞虎军"，变税酒法为榷酒法，有效改变了湖南境内匪患肆虐的局面。秋天解元考试时识拔赵方。冬天加封为右文殿修撰，出任隆兴府知府兼江西安抚使。开始修建上饶居第，作《新居上梁文》。刊行亡友周孚的《蠹斋集》。

公元1181年（淳熙八年）

任江西安抚使，所辖州县遭遇灾荒，辛弃疾以官银为基本，打击屯粮行径，有效降低粮价，各州灾民亦得到良好救济。与曾丰、黄人杰、陆德隆、赵奇暐等人在豫章相会。十一月改任两浙西路提点刑狱，不久就因监察御史王蔺的弹劾落职，隐退至上饶带湖新居居住，将新居取名为"稼轩"，自号

"稼轩居士"。

公元1182年（淳熙九年）

在带湖闲居。九月与友人朱熹相会，范开也在这一年前来从学。作《水调歌头》（带湖吾甚爱）。

公元1184年（淳熙十一年）

三月，友人陈亮受牵连入狱，辛弃疾多方奔走，助其脱狱。

公元1188年（淳熙十五年）

范开编成《稼轩词甲集》。与陈亮在铅山县思瓢泉相会，同游十日。作《贺新郎》（老大哪堪说）等。

公元1190年（绍熙元年）

十二月友人陈亮再度被囚入狱，直到绍熙三年二月才得以出狱。

公元1191年（绍熙二年）

辛弃疾重新被任用，官授福建提点刑狱。

公元1192年（绍熙三年）

辛弃疾前往福建赴任时，与朱熹相会。上任后，辛弃疾上疏《论经界钞盐劄子》，整肃当地法纪。

公元1193年（绍熙四年）

先后与朱熹、陈亮会面。辛弃疾受光宗召见，迁太府少卿，秋天加封集英殿修撰，任福州知府兼福建安抚使。陈亮参加进士举，高中状元。九月五日，范成大亡故。

公元1194年（绍熙五年）

辛弃疾修建福建郡学。宁宗即位后，因黄艾弹劾，罢免备安库职位，任建宁府武夷山冲佑观主管。九月，因御史中丞谢深甫弹劾，再遭贬黜，重新回归上饶闲居。期间，陈亮亡故，辛弃疾为之撰写悼文。

公元1195年（庆元元年）

已然闲居的辛弃疾再遭御史中丞何澹弹劾，罪名为"酷虐哀敛"。

公元1196年（庆元二年）

带湖家居被焚，辛弃疾迁至铅山县。

公元1198年（庆元四年）

恢复集英殿修撰一职，主管建宁武夷山冲佑观。

公元1200年（庆元六年）

三月初九，朱熹在血雨腥风的"庆元党禁"运动中病逝。辛弃疾为之撰写悼文。

公元1202年（嘉泰二年）

党禁风波结束，朱熹、赵汝愚等人追复原职，辛弃疾仍居铅山县。

公元1203年（嘉泰三年）

稼轩词乙、丙、丁集全部撰写完成，终得《稼轩词》（又名《稼轩长短句》）。

夏季辛弃疾复任绍兴知府兼浙东安抚使，疏奏州县害农六事，消除"盐鬻之害"，十二月，召赴临安。并与陆游结为好友。

公元1204年（嘉泰四年）

韩侂胄发动对金战争。正月，获宋宁宗召见，言盐法，并言金国必乱必亡。加宝谟阁待制。三月，领命出任镇江府知府，前去招兵万余人。

公元1205年（开禧元年）

辛弃疾任镇江守任，六月改隆兴知府。

公元1206年（开禧二年）

辞任绍兴府知府，两浙东路安抚使。五月，宋兵北伐，六月，溃败而归，辛弃疾进宝文阁待制，十二月又进龙图阁待制，出任江陵府知府，后改任试兵部侍郎，均主动辞免。后又召赴临安奏事。

公元1207年（开禧三年）

辛弃疾试兵部侍郎，两次上章辞免。九月四日，进枢密都承旨，初十病逝，葬铅山县阳原山。

公元1230年（绍定三年）

辛弃疾死后二十三年，铅山县宰张谦亨建西湖群贤堂，祀铅山乡贤十六人，辛弃疾是其中之一。

公元1233年（绍定六年）

辛弃疾死后二十六年，赠光禄大夫。

公元1275年（德祐元年乙亥）

辛弃疾死后六十八年，加赠少师，谥忠敏。